GESTÃO DO RISCO NA SEGURANÇA DA INFORMAÇÃO: CONCEITOS E METODOLOGIAS

JOAQUIM A. CASACA

ISBN:149745011X
ISBN-13 978-1497450110:

DEDICATÓRIA

À memória de meu Pai.

ÍNDICE

ÍNDICE DE FIGURAS

ÍNDICE DE TABELAS

ÍNDICE DE QUADROS

ÍNDICE DE GRÁFICOS

LISTA DE ABREVIATURAS

et al. (et aliae) ....e outros (para pessoas)

e.g. (exempli gratia) ....por exemplo

etc. (et cetera) ....e outros (para coisas)

i.e. (id est) ....isto é

LISTA DE SIGLAS

ACM........................Association for Computing Machinery

CCE.........................Comissão das Comunidades Europeias

CCTA......................Central Computer and Telecommunications Agency

COBIT....................*Control Objectives for Information and related Technology*

COSO......................Committee of Sponsoring Organizations of the
Treadway Commission

CMU........................Carnegie Mellon University

CRAMM.................CCTA *Risk Analysis and Management Method*

CSI..........................Computer Security Institute

DoD........................Department of Defense

EUA.........................Estados Unidos da América

FISMA.....................*Federal Information Security Management Act*

GAO........................General Accounting Office

GAISP.....................*Generally Accepted Information Security Principles*

GLB.........................*Gramm-Leach-Bliley Act*

ISACA.....................Information Systems Audit and Control Association

ISF...........................Information Security Forum

ISO/IEC.................International Organization for Standardization/
International Electrotechnical Commission

ISSA........................Information Systems Security Association

ITGI........................IT Governance Institute

ITSEC.....................*Information Technology Security Evaluation Criteria*

NATO .... North Atlantic Treaty Organization

NIST .... National Institute of Standards and Technology

OCDE .... Organização para a Cooperação e Desenvolvimento Económicos

OCTAVE .... *Operationally Critical Threat, Asset, and Vulnerability Evaluation*

PDCA .... *Plan, Do, Check, Act*

SEI .... Software Engineering Institute

SI/TIC .... Sistemas e Tecnologias de Informação e Comunicação

TCSEC .... *Trusted Computer System Evaluation Criteria*

PREÂMBULO

O risco da segurança da informação não existe, é a conclusão a que chegou um painel de profissionais de segurança durante o Infosecurity Europe 2013, em Londres. Se o risco da segurança da informação não existe, porque é que somos bombardeados quase diariamente pela comunicação social com relatos de situações de perda e/ou roubo de informação crítica para o negócio das organizações, intrusão nos sistemas de informação por piratas informáticos e outros tipos de eventos semelhantes que causam prejuízos avultadíssimos às organizações? Perante estes factos, o que significa afirmar que o risco da segurança da informação não existe? Então não é importante proteger os activos críticos do negócio das organizações e evitar a perdas elevadas devido à destruição ou má utilização desses activos? Convém, portanto desconstruir a principal conclusão do Infosecurity Europe 2013.

Numa aparente contradição da conclusão enunciada no início deste capítulo, o painel de profissionais de segurança contrapõe que o único risco que importa proteger numa organização é o risco para os resultados da empresa. Então, poder-se-á questionar quais os riscos que podem por em causa os resultados de uma empresa. Na nossa opinião, são todos os riscos que podem afectar os activos críticos de uma organização, sejam eles riscos financeiros, operacionais ou relativos à segurança da informação, enquadrados num *framework* geral dos sistemas e tecnologias de informação e comunicação (SI/TIC). Isto significa que o risco não pode ser analisado e perspectivado numa óptica compartimentada, mas sim numa perspectiva holística, em que o todo é, na maior parte dos casos, superior à soma individual das partes. Esta visão holística dos riscos deve estar consubstanciada numa estrutura organizacional que potencie a gestão estratégica desses riscos, como defendemos em Casaca (2011).

1

A definição na estrutura organizativa de uma área de gestão do risco tem, portanto, como objectivo primordial, desenvolver e incutir na organização uma abordagem metódica e contínua do processo de gestão do risco. Os benefícios decorrentes do processo de gestão do risco consubstanciam-se nos seguintes aspectos:

- Visão sistematizada dos principais riscos;
- Hierarquia de prioridades na gestão dos riscos;
- Mecanismos de controlo efectivo do nível de risco (planos de mitigação e de contingência);
- Custos/impactos acautelados mediante a implementação de um eficiente ambiente de controlo.

Importa, contudo, realçar que a segurança da informação e a gestão de riscos são duas áreas distintas. Enquanto a segurança da informação diz respeito à implementação de um conjunto de controlos que têm como finalidade proteger os activos, a gestão de risco preocupa-se com a identificação de potenciais riscos e implementar as soluções necessárias para mitigar esses riscos.

Afirmar que a segurança da informação não existe é lançar mais achas para a fogueira da polémica sobre a importância da segurança da informação ou sobre segurança *corporate*. Na realidade, o desempenho global de qualquer organização depende, em larga medida, da eficácia da sua estratégia global de risco, em que a gestão do risco da segurança da informação assume um papel primordial.

1 INTRODUÇÃO

A generalização dos sistemas e tecnologias de informação e comunicação (SI/TIC) e a ampla utilização da Internet estão a fazer com que as organizações de todas as dimensões confiem nos computadores para criar, processar, gerir e transmitir informação sensível do negócio. Todavia, esta utilização dos SI/TIC e da Internet, obriga a que os activos de informação estejam sujeitos a um elevado risco de ataques, falhas e vulnerabilidades, que vão desde fraudes informáticas, espionagem, sabotagem, vandalismo até outros incidentes como fogos ou inundações.

O valor da informação não passa despercebido a atacantes internos ou externos e a criminosos que, de alguma forma, tentam roubar ou destruir uma organização. A tudo isto acresce a utilização cada vez maior de aplicações de comércio electrónico, as quais apresentam bastantes oportunidades para acessos não autorizados aos sistemas de informação.

Por sua vez, a globalização económica mundial tem conduzido a uma maior agressividade concorrencial, em que todas as organizações, mesmo as de pequena dimensão, são potenciais alvos de roubo de informações. Na realidade, são cada vez mais as notícias que nos informam sobre o aumento significativo do roubo de informações com valor económico nas empresas em todo o mundo. O roubo do conhecimento e da informação reservada e confidencial de uma empresa é um acto de concorrência desleal e com consequências desastrosas para essas empresas.

O aspecto crítico desta situação é que hoje toda esta informação está acessível em tempo real e é vulnerável, pelo que deve ser protegida constantemente e, mais importante ainda, sem interrupção do negócio. Caso contrário, assistir-se-á, num cenário pouco alarmante, a uma quebra ou diminuição da competitividade ou, numa situação mais extrema, a interrupções mais ou menos prolongadas das operações do negócio com consequências desastrosas para as organizações.

Ainda que o negócio esteja cada vez mais dependente dos SI/TIC, os gestores das organizações têm prestado pouca atenção à protecção dos activos de informação, apesar das constantes ameaças que diariamente recaem sobre os mesmos, tentando explorar as diversas vulnerabilidades que encerram e que não são protegidas pelos controlos mais eficazes. O papel dos gestores passa por transformar esta ameaça aos seus activos estratégicos de SI/TIC numa oportunidade de implementar as políticas adequadas de gestão de risco e de segurança, de acordo com as melhores práticas do mercado, de forma a garantir que todos os aspectos referentes ao risco e segurança são completa e consistentemente endereçados e integrados no âmbito dos processos de negócio das suas organizações.

2 CONCEITO DE RISCO

De acordo com o Moderno Dicionário da Língua Portuguesa (Círculo de Leitores, 1985), o termo risco pode ser entendido como um "perigo indeterminado mas previsível", uma "probabilidade de dano ou prejuízo" ou, ainda, um "sinistro eventual que pode ser coberto por apólice ou contrato de seguro". Estas interpretações do risco apresentam um denominador comum: incerteza e efeito negativo. De um modo geral, a maioria dos textos sobre gestão do risco descreve o conceito de risco em termos de incerteza e com efeito negativo, designadamente:

- Possibilidade de sofrer perdas, reduzindo o valor do negócio;
- Eventos com um potencial para causarem perdas ou danos;
- Incerteza inerente a fazer negócio;
- Incerteza no desempenho do trabalho e dos resultados correspondentes;
- Realização potencial de consequências indesejadas ou negativas de um evento.

Contudo, Alberts (2006) afirma que, dependendo do contexto em que é analisado, o risco pode conduzir, tanto a uma situação potencial de perda, como a uma situação de oportunidade de ganho. No entanto, "quando o risco é considerado potencialmente como uma situação positiva, existe uma dificuldade em conhecer o verdadeiro benefício ou uma exploração bem-sucedida de uma oportunidade" (Henry, 2007a, p. 323).

Para Alberts (2006), um risco, por definição, implica sempre uma perda potencial, mas, dependendo das circunstâncias, também pode existir um ganho potencial (risco especulativo), pelo que é possível classificar os riscos em duas categorias: riscos especulativos (cuja consequência pode ser uma perda ou um ganho) e riscos perigosos (a única consequência é uma situação de perda). Alter e Sherer (2004), por sua vez, identificam duas

5

conceptualizações do risco em função do resultado final, i.e., uma conceptualização que considera os resultados como positivos ou negativos e, uma outra, porventura a mais utilizada na literatura sobre risco, em que aborda apenas os resultados negativos e se focaliza unicamente nos aspectos previsíveis que podem correr mal. Esta conceptualização é uma consequência do facto dos autores introduzirem no seu modelo de gestão do risco um elemento denominado "objectivos e expectativas". Com base neste elemento, avaliam o sucesso das medidas implementadas para reduzir/eliminar o risco, na medida em que os resultados obtidos podem ser considerados êxitos ou falhas consoante o conjunto de objectivos e expectativas considerados, dado que estes têm impacto nas fontes de incerteza e no nível de aspiração dos intervenientes nos sistemas e têm um papel relevante na avaliação dos resultados.

Independentemente do seu tipo, todos os riscos, segundo Alberts (2006) compreendem, quatro elementos, como apresentado na Figura 1:

- **Contexto:** ambiente em que o risco é analisado e que influencia a avaliação das consequências;
- **Acção:** acto ou evento que desencadeia o risco (sem acção não existe risco);
- **Condição:** estado actual ou o conjunto de circunstâncias que podem conduzir ao risco;
- **Consequências:** resultados potenciais ou efeitos de uma acção combinada com uma determinada condição.

Figura 1: Quatro elementos de risco.

Fonte: Alberts (2006, p. 6).

Substituindo acção por ameaça, condições por vulnerabilidades e consequências por impacto nos activos, resulta que o risco "é algo que existe quando uma ameaça e uma vulnerabilidade se sobrepõem" (Birch & McEvoy, 1992, p. 48) ou que é "uma função da probabilidade de que uma ameaça identificada ocorrerá e do impacto que essa ameaça terá no processo de negócio ou na missão do activo objecto de análise" (Peltier, 2004b, p. 48). Assim, o risco é função da ameaça, da vulnerabilidade e do valor do activo, traduzido através da Equação 1:.

$$Risco = Ameaça \times Vulnerabilidade \times Valor\ do\ Activo \qquad (1)$$

O risco, conforme representado na Figura 2, é composto por quatro componentes distintos:

- **As forças** (ameaças e não ameaças) que exercem influência sobre a organização, em que as ameaças são capazes de produzir consequências negativas;
- **Os recursos**, compostos por activos, pessoas ou ganhos potencialmente afectados pelas ameaças;
- **Os factores de modificação** (internos e externos) que influenciam a probabilidade de uma ameaça se tornar uma realidade ou a gravidade das consequências quando a ameaça se materializa;
- **As consequências** que traduzem os impactos da ameaça sobre os recursos.

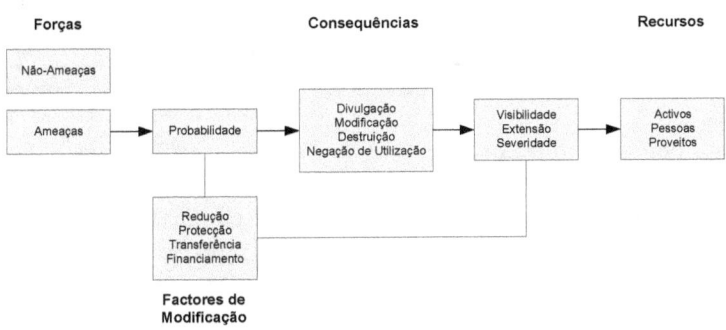

Figura 2: Componentes do risco.

Fonte: Loch et al. (1992, p. 175).

Um dos factores mais importantes em termos dos riscos da segurança da informação é o impacto que estas consequências (divulgação, modificação, perdas e/ou destruição e interrupção dos activos críticos) podem ter na organização. Este impacto do risco corresponde à magnitude das perdas, as quais podem assumir uma forma tangível ou intangível, como apresentado no Quadro 1.

Quadro 1: Perdas intangíveis e tangíveis.

Tipo de Perda	Descrição
Intangível	• Imagem de marca e reputação pública. • Confiança do público e do cliente na exactidão das transacções comerciais. • Aptidão para manter os rendimentos de forma oportuna. • Privacidade de empregados e clientes. • Capacidade para satisfazer os requisitos dos reguladores.
Tangível	• Produtividade. • Rendimento (perdas directas ou perda de receitas futuras). • Desempenho financeiro (acesso ao crédito e ao mercado de capitais). • Custos diversos (aluguer de equipamento, custos de horas extra, custos extraordinários de expedição, etc.).

Por estes motivos, as organizações estão tão dependentes dos seus SI/TIC que podem não sobreviver a uma perturbação significativa da sua capacidade.

É um dado assente de que "não podemos eliminar totalmente os riscos devido à natureza da própria segurança da informação e porque alguns riscos estão fora do alcance da empresa" (Finne, 2000, p. 237) ou como salientado por Allen (2006, p. 1), "uma segurança absoluta é não só impossível, mas altamente indesejável do ponto de vista da eficácia, eficiência, risco/recompensa e custo/benefício". Além disso, existem sempre os denominados "riscos dos sistemas" que podem ser definidos como "a probabilidade que os sistemas de informação de uma organização estão insuficientemente protegidos contra determinados tipos de danos ou perdas" (Straub & Welke, 1998, p. 441). Acresce o facto de que os riscos da informação são diferentes de outros riscos dado que não têm limites no lado das desvantagens das empresas. Se uma empresa faz um investimento financeiro, o pior que lhe pode acontecer é perder os montantes investidos. Mas, no caso de um incidente de segurança, a perda é muito maior que os investimentos realizados na implementação dos controlos ou dos activos perdidos, podendo, em caso extremo, levar à falência da própria organização (Anderson, 2003).

Se nenhum sistema pode ser construído de forma absolutamente segura (Straub & Welke, 1998) e nenhum sistema ou actividade está isenta de risco (Peltier, 2004b), dado que o risco é uma parte inerente ao negócio (ISACA, 2007), i.e., se os riscos não podem ser totalmente eliminados, qual é o nível de risco que as organizações estão dispostas a aceitar e gerir e qual o nível de segurança necessária? Em resposta a estas questões, Allen (2006) defende que o nível adequado de segurança varia em função do negócio e dos riscos do ambiente, assim como da variação da tolerância ao risco que a gestão está disposta a aceitar. Ou seja, depende não só do nível de apetência ao risco e da tolerância ao risco, como também da cultura de risco da organização. A apetência ao risco está relacionada com a estratégia da organização e é "a quantidade de risco que uma entidade está disposta a aceitar na sua procura de valor" (Committee of Sponsoring Organizations of the Treadway Commission [COSO], 2007, p. 20) ou é o nível de exposição ao risco ou o potencial impacto adverso de um evento que a organização está disposta a aceitar ou manter. Por sua vez, a tolerância ao risco pode ser definida como "o risco residual que a organização está disposta a aceitar depois de implementadas as acções de mitigação dos riscos e dos processos de monitorização e controlo" (Allen, 2006) ou "os níveis aceitáveis de variação relativamente à realização dos objectivos" (COSO, 2007, p. 36). Trata-se de uma decisão do negócio, baseada na missão e na cultura, mais do que em medidas quantitativas específicas (ISACA, 2007). A cultura de risco tem subjacente "um conjunto partilhado de atitudes, valores e práticas que caracterizam a forma como uma entidade considera o risco nas suas actividades diárias" (COSO, 2007, p. 20). Resumindo, pode afirmar-se que o nível de segurança adequado é aquele em que as estratégias de protecção dos activos críticos e dos processos de negócio da organização são proporcionais à apetência ao risco e da tolerância ao risco da organização, devidamente enquadradas na sua cultura de risco.

Os riscos podem ter origens e naturezas diversas:

- Riscos relacionados com catástrofes (furacões, sismos, fogos e sabotagem) e riscos relacionados com a violação informática (penetração não autorizada e/ou ilícita nos computadores da empresa);
- Riscos classificados a partir da sua origem (interna ou externa), do seu perpetrador (humano e não-humano), da sua intenção (acidental ou não intencional) e das suas consequências (divulgação, modificação, destruição e negação de utilização);
- Riscos classificados em função da sua natureza:
  - **Riscos naturais:** riscos associados a fenómenos naturais, que incluem a possibilidade de eventos de ameaças como inundações, sismos, tempestades e fogos que têm impacto na organização. Têm potencial para causar estragos consideráveis, não apenas nos activos de informação, mas também nas estruturas físicas;
  - **Riscos técnicos:** riscos que resultam da dependência da tecnologia que está largamente integrada nos processos de

negócio das organizações e que afecta a confidencialidade, integridade e disponibilidade dos activos de informação (falhas de hardware e software);

- **Riscos humanos:** são resultado de actos deliberados ou acidentais dos seres humanos. Estes ricos tendem a ser numerosos e podem causar avultados estragos, pelo que são uma área de grande preocupação relativamente à protecção dos activos críticos de informação.

Os riscos podem também ser caracterizados por:

- Origem (empregados, concorrentes, etc.);
- Actividade, evento ou incidente (divulgação de informação confidencial, falha de energia, etc.);
- Consequências ou impactos (indisponibilidade de serviço, perdas financeiras, etc.);
- Razão específica para a sua ocorrência (intervenção humana, erro de software, etc.);
- Controlos e mecanismos de protecção (políticas, formação em segurança, etc.);
- Tempo e local de ocorrência.

3 GESTÃO EFECTIVA DOS RISCOS

Um dos principais desafios da gestão da organização é reduzir os riscos da segurança da informação para um nível aceitável e condizente com a cultura de risco da organização.

De acordo com Straub e Welke (1998), a percepção da gestão relativamente aos riscos de segurança é função: (1) do ambiente organizacional (convicções sobre a susceptibilidade dos riscos inerentes à indústria; (2) do ambiente dos SI/TIC (acções para tornar os sistemas seguros); (3) das características individuais dos gestores (conhecimento dos sistemas e consciência dos riscos dos sistemas), como esquematizado na Figura 3.

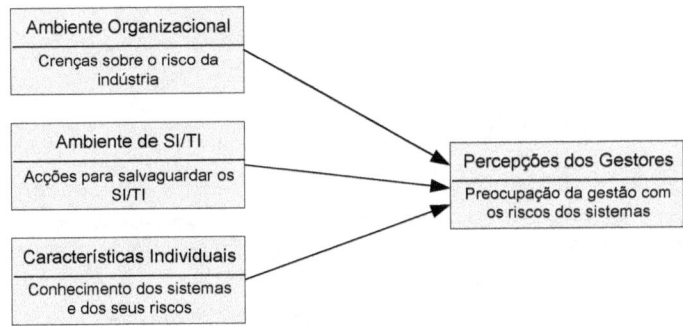

Figura 3: Modelo para a percepção dos riscos dos sistemas pelos gestores.

Fonte: Straub e Welke (1998, p. 444).

Apesar desta percepção global dos riscos de segurança, os gestores apenas têm conhecimento de uma parte das acções que podem tomar para reduzir os riscos dos sistemas e têm tendência para ver a segurança dos

SI/TIC como uma forma de evitar perdas e atenuar danos (Straub & Welke, 1998). Por sua vez, Loch et al. (1992) sugerem que os gestores devem ter um maior conhecimento dos riscos potenciais associados não só ao ambiente dos SI/TIC, mas também aos riscos provenientes dos colaboradores e parceiros de negócio e devem "reconhecer que o seu nível global de preocupação com a segurança pode subestimar o risco potencial inerente ao ambiente altamente interligado em que operam" (Loch et al., 1992, p. 185). Nesta perspectiva, a segurança da informação deve estar cada vez mais integrada com a gestão de risco corporativo que é, aliás, a tendência observada actualmente, de acordo com o inquérito da Ernst & Young (2007) que demonstra que cerca de 82% dos inquiridos apresenta algum grau de integração entre a segurança da informação e a gestão de risco global, conforme apresentado no Gráfico 1.

Gráfico 1: Grau de integração entre a função de segurança da informação e a gestão de risco global.

Fonte: Ernst & Young (2007, p. 7).

A teoria da dissuasão geral foi uma das teorias amplamente utilizadas para criar mecanismos para dissuadir potenciais abusos e reduzir os riscos nos SI/TIC. Esta teoria postula acções genéricas que directa e indirectamente reduzem os riscos dos sistemas, na medida em que desincentiva o cometimento de actos danosos (designadamente abusos dos SI/TIC) através da aplicação de sanções relevantes, ou seja, quando o risco de punição é elevado e as sanções por violação são severas, a teoria prevê que os potenciais infractores irão ser inibidos de cometer actos anti-sociais.

Apesar de ser utilizada como base de investigação para a análise dos riscos de segurança, os gestores raramente adoptam as acções de segurança preconizadas pela teoria da dissuasão como uma ferramenta para reduzir os

riscos dos SI/TIC (Straub & Welke, 1998), conforme representado na
Figura 4.

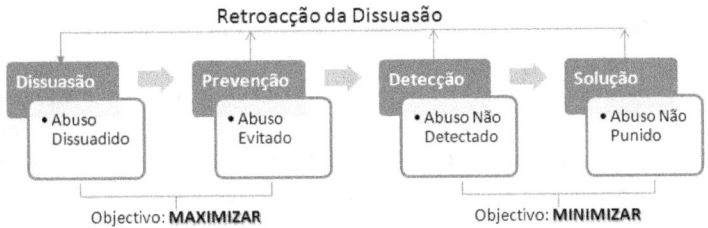

Figura 4: Ciclo das acções de segurança segundo a teoria da dissuasão.

Fonte: Straub e Welke (1998, p. 446).

Se as medidas de dissuasão não impedem os potenciais intrusos de violar
as normas de segurança, o segundo nível do sistema de defesa deve prevenir
os ataques através da utilização de medidas preventivas (controlo de acessos
físicos e lógicos). Se os intrusos ultrapassam com sucesso as duas primeiras
linhas de defesa, a organização deve ser capaz de detectar a intrusão através
de medidas de detecção (*software* antivírus e auditoria dos sistemas, e.g.) e,
no caso de ter existido danos, a organização deverá poder remediar os
efeitos nocivos do acto abusivo e punir o agressor.

Todavia, Straub e Welke (1998) afirmam que existem poucas provas que
evidenciem na prática a eficácia destas técnicas, apesar da sua forte base
teórica, nomeadamente as conclusões do seu trabalho anterior (Straub,
1990) que apontam no sentido das medidas preventivas da dissuasão
poderem reduzir o risco de avultadas perdas devido a abuso dos SI/TIC. O
trabalho de Straub e Welke (1998) parte da assunção de que existe uma
conexão entre o planeamento da segurança e o aumento das acções de
protecção dos sistemas e, consequentemente, uma diminuição dos riscos.
No entanto, Straub e Welke chamam a atenção para o facto destas
premissas poderem não serem válidas, dado que quando se aumenta a
segurança num sistema, está-se a aumentar a complexidade desse sistema e,
consequentemente, a aumentar o respectivo risco.

De acordo com Straub e Welke (1998), os gestores devem implementar
um programa de segurança que inclua um modelo de planeamento dos
riscos de segurança, formação e consciencialização em segurança e análise
matricial das medidas preventivas. A matriz de medidas preventivas é obtida
através da intersecção do ciclo das acções de segurança e as propostas de
solução organizacional geradas no processo de planeamento. O programa
de consciencialização em segurança tem como objectivo providenciar
conhecimento sobre a eficácia das medidas do ciclo das acções de segurança

para diminuir os riscos dos sistemas.

No seu trabalho sobre os riscos nos sistemas de informação Alter e Sherer (2004) e Sherer e Alter (2004), constroem um modelo para a análise e gestão do risco nos sistemas de informação assente numa estrutura de sistema composta por nove elementos: intervenientes nos sistemas; informação; tecnologia; práticas de trabalho; produtos e serviços; clientes; ambiente; infra-estrutura; estratégia. A partir desta estrutura identificam um conjunto de factores de risco para cada um dos seus nove elementos e organizam estes factores de risco em função da fase do ciclo de vida de desenvolvimento de sistemas (iniciação, desenvolvimento, implementação e operação e manutenção). Esta abordagem de integrar a gestão do risco com o ciclo de vida de desenvolvimento de sistemas é também defendida por Peltier (2004b), Stoneburner, Goguen, e Feringa (2002) e ISACA (2007) e justificada por Ross, Katzke, Johnson, Swanson, e Stoneburner (2008, p. 11) "como sendo o método mais eficaz e económico para assegurar que a estratégia de protecção da organização foi repercutida nos sistemas de informação e nos produtos componentes das tecnologias de informação necessários para suportar os processos de negócio e a missão da organização".

Anderson, Longley, e Kwok (1994) propõem uma metodologia para o desenvolvimento de um modelo de segurança organizacional que possa responder às perguntas dos gestores do tipo: qual o nível de segurança necessária e quais as prioridades de segurança actuais? Este modelo, apresentado na Figura 5, baseia-se na assunção de que o objectivo da segurança da informação é proteger os activos de informação contra o impacto de eventos que não podem ser evitados.

Figura 5: Modelo de segurança.

Fonte: Anderson et al. (1994, p. 243).

Os impactos no negócio estão relacionados com os três elementos básicos da segurança da informação, ou seja, perda de confidencialidade, integridade e disponibilidade dos activos de informação da organização. É, portanto, a avaliação deste impacto que vai determinar os recursos que devem ser investidos de forma a garantir a segurança destes activos. Todavia, é difícil estimar este tipo de impacto se não existirem dados históricos e é razoável esperar que os resultados da avaliação não serão mais fiáveis do que os próprios dados de origem.

4 ABORDAGENS À GESTÃO DO RISCO

A gestão do risco é uma função primordial da segurança da informação e fornece uma justificação para todas as actividades da segurança da informação, assumindo-se como um processo que permite aos gestores do negócio equilibrar os custos operacionais e económicos das medidas de protecção e alcançar ganhos na capacidade de missão através da protecção dos processos de negócios que suportam os objectivos do negócio ou a missão da empresa. A gestão do risco é um processo contínuo que nunca está concluído e que deve ser constantemente revisto e actualizado em função das alterações no ambiente e da descoberta de novas ameaças ou vulnerabilidades, tratando-se, portanto, de um processo total que identifica, controla e elimina ou minimiza eventos incertos que podem afectar negativamente os recursos dos sistemas e, consequentemente, os processos do negócio.

Alberts e Dorofee (2002) defendem que a gestão do risco da segurança da informação deve obedecer a um conjunto de princípios, os quais moldam a natureza das actividades de gestão do risco e fornecem a base para o processo de avaliação. Alberts e Dorofee agrupam estes princípios em três categorias:

- *Princípios culturais e organizacionais:* aspectos da organização e da sua cultura face ao risco que são essenciais para uma gestão de sucesso dos riscos da segurança da informação;
- *Princípios da gestão do risco:* princípios básicos comuns às práticas de gestão do risco eficazes;
- *Princípios de avaliação dos riscos da segurança da informação:* aspectos fundamentais que formam a base de uma avaliação eficaz do risco de segurança da informação.

O objectivo da gestão do risco é seleccionar uma linha de acção que providencie um balanceamento entre benefícios prováveis e a exposição ao risco, a qual deve ser reduzida através de um equilíbrio entre o investimento em segurança e os riscos associados, de forma a minimizar as perdas ou maximizar os ganhos potenciais e minimizar as perdas potenciais. A gestão dos riscos de segurança deve medir correctamente o risco de segurança residual e mantê-lo num nível igual ou inferior ao nível de tolerância do risco de segurança.

As abordagens à gestão do risco são normalmente representadas através da utilização de conceitos como factores de risco, técnicas de resolução dos riscos e heurísticas, tal como representado esquematicamente na Figura 6.

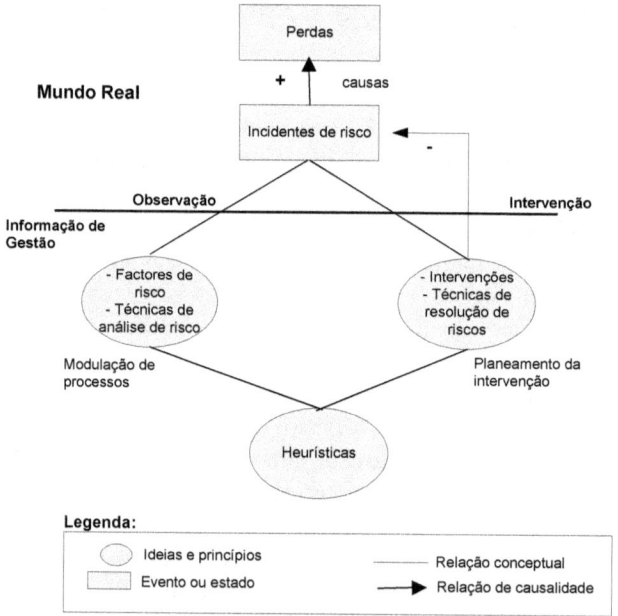

Figura 6: Abordagens à gestão do risco.

Fonte: Lyytinen e Mathiassen (1998, p. 236).

Este modelo presume a existência de dependências causais positivas entre os riscos e as perdas e dependências causais negativas entre a intervenção da gestão e os riscos, em linha com as definições anteriores de risco e com as conclusões de Straub e Welke (1998).

Lemieux (2004) defende a existência de duas abordagens diferentes para a gestão dos riscos (Figura 7): uma abordagem centrada nos eventos de segurança e uma abordagem baseada nos requisitos de informação do negócio:

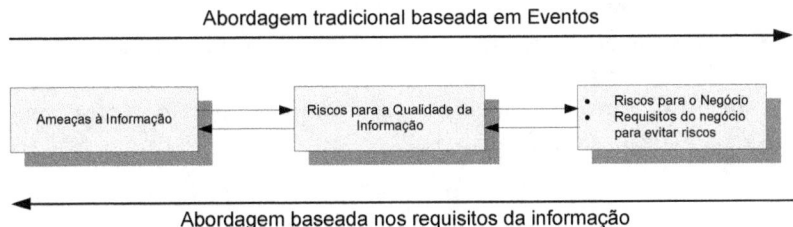

Figura 7: Abordagens para identificação e gestão dos riscos de informação.

Fonte: Adaptado de Lemieux (2004: p.59).

Segundo o autor ambas as abordagens apresentam vantagens e desvantagens, as quais são descritas no Quadro 2.

Quadro 2: Vantagens e desvantagens das abordagens baseada em eventos e em requisitos da informação.

Abordagem	Forças	Fraquezas
Baseada em Eventos	• Facilidade em identificar a mitigação dos riscos. • Requer menos tempo e recursos • Útil a preparar uma estratégia defensiva para uma ameaça conhecida	• Menos útil para alcançar um foco estratégico. • Pode perpetuar uma abordagem fragmentada para tratar os riscos de informação. • Pode ignorar mais causas sistémicas do risco da informação.
Baseada nos Requisitos da Informação	• Mantém o foco na estratégia. • Promove uma abordagem mais criativa e funcional à gestão do risco da informação. • Mais útil na identificação dos tipos sistémicos de informações.	• Pode exigir mais tempo e recursos • Pode ser menos útil se concentrar a análise numa ameaça conhecida. • Pode não ser fácil de integrar numa prática de gestão de risco já existente.

Fonte: Adaptado de Lemieux (2004: p.62).

Qualquer modelo de gestão do risco deve obedecer a quatro características básicas:
- **Clareza** – o modelo deve ser baseado em conceitos claros;
- **Exequível** – os conceitos devem ser compreendidos pelos intervenientes no negócio, providenciando uma análise de risco rigorosa, cuja eficiência não deve estar submetida a uma rigidez matemática;

- **Completo** – o modelo deve compreender os aspectos chave para os gestores do negócio e das TIC;
- **Adaptável** – o modelo deve ajustar-se aos interesses e necessidades dos utilizadores.

A literatura apresenta várias abordagens para a gestão do risco, as quais estão sistematizadas no Quadro 3.

Quadro 3: Abordagens à gestão do risco.

Fonte	Fases da Metodologia	Etapas/Descrição da Fase
Heemstra & Kusters (1996)	Análise	• Identificação dos riscos. • Análise. • Hierarquização.
	Controlo	• Medidas de redução dos riscos. • Planeamento da gestão do risco. • Controlo dos riscos residuais.
	Monitorização	• Relatórios. • Reavaliação.
	Avaliação	• Reavaliação. • Adaptação.
Jackson e Carey (2007)	Definição da estratégia	• Definir estratégia e programa. • Definir apetência ao risco. • Determinar abordagem de tratamento. • Estabelecer políticas, procedimentos e normas de risco.
	Avaliação	• Identificar riscos. • Hierarquizar riscos. • Identificar métodos para avaliar os riscos. • Medir os riscos.
	Tratamento	• Identificar métodos de tratamento dos riscos. • Implementar os métodos. • Medir a avaliar o risco residual.
	Monitorização e reporte	• Monitorar os riscos continuamente. • Monitorar os riscos continuamente o programa de gestão dos riscos. • Reportar a eficácia da gestão dos riscos.

Fonte	Fases da Metodologia	Etapas/Descrição da Fase
Fariborz & Shamkabt (2005)	Análise de valor	• Determinar a sensibilidade da informação. • Estimar o valor dos activos.
	Análise das vulnerabilidades e do risco	• Identificar vulnerabilidades. • Ponderar vulnerabilidades. • Avaliar probabilidades das ameaças.
	Calcular perdas devidas a ameaças e benefícios dos controlos	• Revisão dos riscos. • Identificar controlos. • Avaliar alterações nas probabilidades das ameaças.
	Selecção de controlos	• Enumerar os procedimentos de pesquisa. • Abordagem de programação matemática.
	Implementação de alternativas	• Desenvolver e aprovar plano. • Implementar controlos. • Testar e avaliar.
Straub e Welke (1998)	Reconhecimento de um problema de segurança	• Identificação de problemas de segurança.
	Análise de risco	• Identificação de ameaças. • Hierarquização dos riscos.
	Geração de alternativas	• Criação de soluções para satisfazer necessidades especificadas na análise de risco.
	Planeamento de decisões	• Alinhar ameaças com soluções apropriadas. • Seleccionar e hierarquizar projectos de segurança.
	Implementação das medidas de segurança	• Executar planos de segurança, incorporando as soluções no processo contínuo de segurança da organização.
Landoll (2006)	Avaliação do risco	• Ameaças/probabilidades. • Vulnerabilidades/exploração. • Activos/impactos. • Riscos/controlos.
	Testes e revisão	• Exploração. • Auditoria dos controlos.
	Mitigação dos riscos	• Implementação de salvaguardas. • Controlos adicionais.
	Segurança operacional	• Tratamento de incidentes. • Correcções de programas. • Formação.

Fonte	Fases da Metodologia	Etapas/Descrição da Fase
Bandyopadhyay e Mykytyn (1999)	Identificação dos riscos	• Determinar o impacto potencial da realização de ameaças internas e externas em todo o ambiente dos SI/TIC
	Análise dos riscos	• Compreender e aprofundar o grau das perdas dos activos de informação como consequência da realização de ameaças internas e externas
	Medidas de redução do risco	• Implementar medidas para reduzir os riscos
	Monitorização dos riscos	• Assegurar que são devidamente aplicados os controlos eficazes para controlar os riscos
Halvorson (2008)	Definir âmbito	• Definir o programa de segurança da informação, em função dos riscos estratégicos, tácticos e operacionais a tratar.
	Identificação	• Identificar riscos com base nas ameaças e vulnerabilidades.
	Quantificação	• Quantificação dos riscos a partir das estimativas da probabilidade e do impacto de um evento de risco ocorrer com sucesso.
	Tratamento	• Definir estratégia de tratamento dos riscos com base na tolerância ao risco da organização.
	Mitigação	• Definição dos objectivos dos controlos para mitigação dos riscos.
	Avaliação	• Definição de métricas para avaliar o desempenho do programa de segurança da informação.
Henry (2007a)	Conhecer missão e objectivos	• Compreender o ambiente no qual a organização opera.
	Conhecer os requisitos de segurança da informação	• Compreender as ameaças e vulnerabilidades potenciais que a organização enfrenta.
	Avaliar o ambiente de risco	• Conhecer as novas ameaças, tendências, componentes dos sistemas e ferramentas para definir soluções de segurança.
	Definir alternativas	• Definir as estratégias de tratamento dos riscos.
	Seleccionar os controlos de segurança	• Seleccionar os controlos em função da estratégia definida.
	Implementar os controlos de segurança	• Implementar os controlos de segurança previamente seleccionados.

Em síntese, um planeamento estratégico de gestão de risco da segurança da informação deve realizar os seguintes objectivos:

- Identificar os riscos específicos sobre os quais o programa de risco incidirá os recursos críticos na sua gestão e determinar, não só, as capacidades de gestão do risco (processos, investimentos, recursos e actividades conexas) que serão necessários, assim como os recursos deverão ser coordenados pela empresa;
- Determinar como o programa de risco vai medir os resultados e demonstrar o valor dos processos de gestão de risco, investimentos, recursos e actividades correlacionadas;
- Determinar os objectivos do programa de risco e documentar como o programa de risco irá beneficiar a organização e os *stakeholders*.

Os benefícios organizacionais resultantes de um planeamento estratégico com as características atrás descritas são, entre outros, os seguintes:

- A recolha de informações durante o planeamento estratégico é uma excelente oportunidade para receber contribuições dos gestores da organização, permitindo-lhes participar no desenvolvimento do programa de risco e, dessa forma, garantir o seu compromisso na realização do plano estratégico;
- Permite à organização racionalizar as suas actividades actuais e futuras em termos de investimentos e planos de contratação;
- Reforça profissionalismo e disciplina todo o processo orçamental;
- Fornece uma forma de comunicar a visão do programa de risco ao pessoal, equipa, parceiros, gestão e a outras partes interessadas;
- Reduz o potencial de decisões políticas.

5 MODELO PROCESSUAL DA GESTÃO DO RISCO

A gestão do risco na segurança da informação compreende um processo formal de planeamento, execução e controlo das actividades organizacionais e técnicas que é necessário implementar para atingir os objectivos que as organizações se propõem alcançar em matéria de segurança da informação.

As organizações devem integrar os processos de gestão do risco da segurança da informação nos processos do negócio, de modo a que os primeiros suportem as metas e objectivos organizacionais, estejam integrados com as práticas de gestão e as políticas organizacionais e que também estejam em conformidade com as leis e regulamentos a que a organização deve obedecer.

Neste sentido, o desenvolvimento de uma estratégia de gestão do risco da segurança de informação deve concentrar a atenção da gestão, não só na estratégia de risco para determinados tipos de riscos, assim como na estratégia do programa de gestão de risco da empresa. Qualquer estratégia de gestão do risco deve incluir os seguintes pontos-chave:

- Compreender o risco para o negócio e para os SI/TIC;
- Compreender os *drivers* de negócio da organização;
- Desenvolver, ou promover o desenvolvimento de sistemas de classificação para a categorização dos riscos;
- Analisar o que não está abrangido na cobertura do seguro;
- Relacionar os riscos dos SI/TIC com os riscos da organização;
- Determinar o risco aceitável ou risco residual;
- Compreender a criticidade da rede e dos dados;
- Utilizar um modelo de maturidade para conhecer o nível de segurança da organização;
- Reportar os riscos de forma efectiva;
- Endereçar os riscos.

Uma efectiva gestão do risco deve considerar todos os componentes do risco e a forma como eles se relacionam, tal como apresentado na Figura 8:

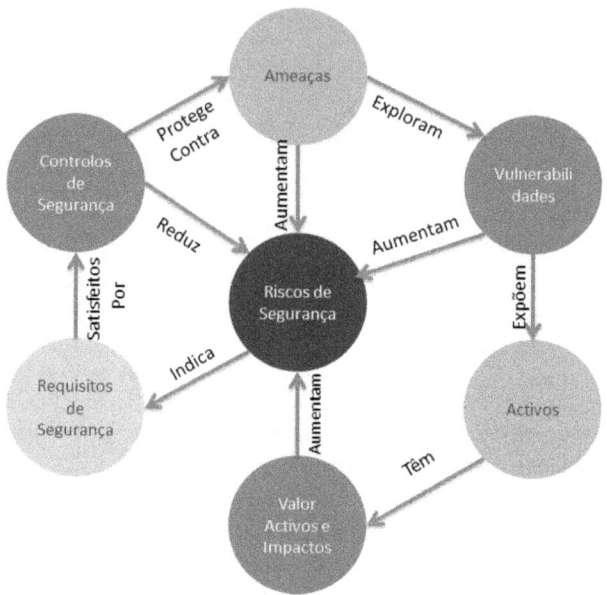

Figura 8: Componentes do risco.

A maioria das metodologias de gestão de risco (ver Apêndice A) apresentam um conjunto de processos semelhantes, tal como a identificação e valorização dos activos, a identificação das ameaças susceptíveis de ocorrerem e das vulnerabilidades associadas a essas ameaças, a determinação do risco em função das combinações de activos, ameaças e vulnerabilidades identificados e implementação de controlos para reduzir ou eliminar os riscos identificados. Estes processos podem ser combinados de forma a constituir um modelo geral de gestão do risco, tal como esquematizado na Figura 9, composto por seis fases distintas:

1. Identificação e avaliação de activos;
2. Avaliação de ameaças;
3. Avaliação de vulnerabilidades;
4. Análise de risco;
5. Identificação de controlos;
6. Planos de acção.

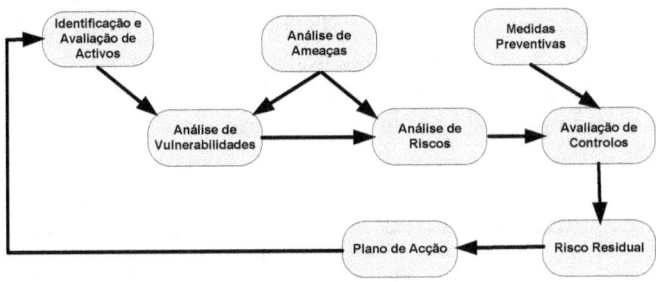

Figura 9: Modelo de análise do risco.

Fonte: ISACA (2007, p. 84).

Estes seis passos definem a metodologia proposta para a gestão dos riscos da segurança da informação, discriminados em detalhe nos pontos seguintes.

5.1 Identificação e Avaliação de Activos

O processo de identificação e avaliação do activo compreende várias etapas: identificar o activo; determinar o seu valor, localização e proprietário; identificar os processos de negócio que suporta; determinar a sua sensibilidade ao risco.

Os activos críticos são aqueles que permitem às organizações atingir os seus objectivos e suportar a sua missão. Exemplos de tais activos incluem, mas não estão limitados a:

- *Informações ou dados*, tais como ficheiros contendo dados de pagamentos, registros de voz, ficheiros de imagens, informações sobre produtos, manuais e planos de continuidade;
- *Documentos em papel*, tais como contratos e formulários;
- *Software*, como o software do sistema, software aplicacional, ferramentas de desenvolvimento e utilitários;
- *Equipamentos físicos*, tais como computadores e equipamentos de comunicação, meios magnéticos, outros equipamentos técnicos, como equipamentos médicos e equipamentos de protecção ambiental, e mobiliário;
- *Serviços*, tais como serviços de computação e comunicações, fornecedores de serviços e *utilities*;
- *As pessoas e seus conhecimentos*, incluindo especialistas técnicos, operacionais, financeiros, juristas e marketing, assim como consultores e pessoal contratado em regime de *outsourcing*;
- *Imagem e reputação da organização*.

De acordo com Poore (2000), a informação tem diversos valores, dependendo do objectivo da avaliação. Assim, para efeitos de gestão dos riscos de segurança e conforme discriminado no Quadro 4, o valor da informação depende: da exclusividade da posse; da utilidade; do custo de criação ou recriação; potencial responsabilidade; da convertibilidade ou da sua natureza fungível; do seu impacto operacional.

Quadro 4: Valor multidimensional da informação.

Fase	Confiden cialidade	Integridade	Disponibili dade
Propriedade exclusiva	X		
Utilidade		X	
Custo original ou de re-criação			X
Responsabilidade potencial	X	X	X
Convertibilidade	X	X	X
Impacto operacional		X	X

Fonte: Poore (2000, p. 21).

A informação tem um valor positivo quando é precisa, oportuna, útil, autorizada e rara. Este valor positivo é comprometido quando os controlos referentes à confidencialidade, integridade e disponibilidade falham.

A determinação do valor do activo deve considerar o impacto do activo nas operações, o valor da informação que o activo detém, preocupações regulamentares, custos do risco de reputação associados ao activo e muitos outros factores. Apenas uma correcta avaliação do activo permite estimar a adequação dos controlos e a conformidade do orçamento para segurança da informação, dado que se não se tiver um conhecimento mais ou menos preciso sobre o valor dos activos, o investimento nos controlos não será o mais adequado. Se, para alguns tipos de activos, a sua valorização pode ser calculada utilizando técnicas quantitativas, para outros, no entanto, é preferível utilizar técnicas qualitativas. Poore (2000) defende a utilização de técnicas qualitativas quando existe dificuldade em definir um valor quantitativo ou quando os eventos são altamente incertos.

No processo de identificação e valorização dos activos de informação toma especial relevância o papel dos sistemas de análise da concorrência, em que Gordon e Loeb (2001) propõem a utilização da segurança da informação como a resposta lógica da teoria dos jogos à análise de sistemas da concorrência, na medida em que esta análise se transformou actualmente numa ameaça da segurança. De facto, a concorrência é uma das entidades que mais pode beneficiar das perdas da organização alvo de ameaças bem sucedidas. De acordo com Gordon e Loeb (2001), um dos métodos de gestão estratégica adoptada pelas empresas consiste na análise contínua da informação disponível sobre os seus concorrentes. Logo, um dos princípios básicos de defesa, baseia-se na identificação e valorização da informação que os concorrentes pretendem obter, protegendo esses activos de informação em função do seu valor e do seu nível de confidencialidade.

Nesta perspectiva, as organizações precisam de conhecer os valores dos seus activos, a fim de identificar a protecção adequada para os activos e para determinar a sua importância para o negócio. Estes valores podem ser expressos em termos dos potenciais impactos nos negócios de eventos negativos que afectam a perda de confidencialidade, integridade e/ou disponibilidade. Os impactos potenciais incluem as perdas financeiras e perda de receita, quota de mercado ou de reputação e imagem.

As dependências de activos de outros activos também devem ser consideradas, pois esta dependência influencia os valores de ambos os tipos de activos. Por exemplo, um sistema de informação aparentemente menos importante pode exigir mais protecção se outro sistema de informação crítico depende dos resultados do sistema menos importante.

5.2 Análise de Vulnerabilidades

Uma vulnerabilidade é uma característica dum sistema físico que permite que uma ameaça possa ser explorada ou uma falha num controlo existente que pode permitir que um agente possa explorar e obter acesso não autorizado aos activos organizacionais ou, ainda, uma fraqueza do *hardware* e *software* que expõe um sistema a ataques, danos, interrupção ou exploração não autorizada.

A análise de vulnerabilidades tem como objectivo determinar os pontos fracos (vulnerabilidades) que podem ser explorados pelas ameaças identificadas e que podem ter impactos negativos nos activos previamente identificados. Se não forem encontradas vulnerabilidades correspondentes às ameaças, não haverá nenhum risco.

As vulnerabilidades podem ser de três tipos: administrativas (associadas às políticas e procedimentos); físicas (que existem nos controlos físicos, geográficos ou de pessoal); técnicas (que existem nos controlos lógicos dos sistemas).

Existem diversos tipos de vulnerabilidades, destacando-se os seguintes:

- Identificação dos empregados que já saíram da organização não foi removida do sistema;
- Identificação e senha de acesso fornecidos pelo fabricante do hardware não foram removidas/inactivos do servidor XYZ;

- Não foram instalados os programas de correcção para suprimir falhas de segurança;
- Ausência de funcionalidades de segurança;
- Carência de mecanismos de detecção de intrusão e de salvaguarda e recuperação;
- Desenho da rede de comunicações deficiente;
- Utilização de palavras-chave fracas;
- Insuficiente formação em segurança;
- *Software* com defeitos;
- Tecnologia não testada;
- Manutenção de equipamentos e software inadequada.

Nyanchama (2005) propõe o modelo PDCA (*Plan, Do, Check, Act*), utilizado pela norma ISO 27001 para estruturar todos os processos do sistema de gestão da segurança da informação, para o desenvolvimento, manutenção e melhoria dum programa de gestão de vulnerabilidades, conforme esquematizado na Figura 10.

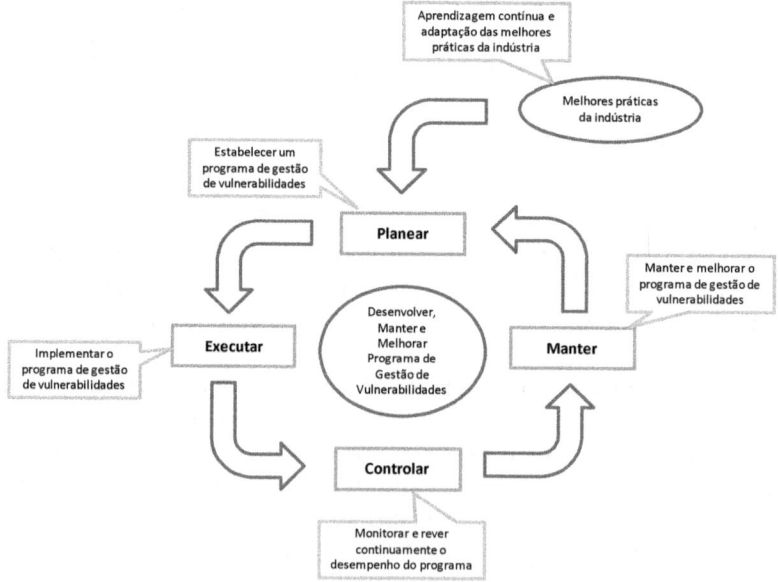

Figura 10: O modelo PDCA para a gestão de vulnerabilidades.

Fonte: Nyanchama (2005, p. 31).

5.3 Análise de Ameaças

As ameaças são eventos negativos que ocorrem quando uma vulnerabilidade ou fraqueza é explorada e que podem ter impacto nos objectivos do negócio, podendo resultar em perda, divulgação ou avaria de

um activo da organização ou é algo que terá um efeito adverso na
organização. O Quadro 5 apresenta alguns exemplos de ameaças.

Quadro 5: Exemplos de ameaças.

Fonte	Categoria	Tipo
Laliberte (2004)		• Eventos naturais (fogo, água, sismos, etc.). • Piratas informáticos. • Empregados descontentes. • Falhas nas comunicações. • Falhas de *hardware*. • Erros de *software*. • Ataques terroristas.
Whitman (2003)		• Erros e falhas humanas. • Naturais (fogo, inundações, sismos, etc.). • Erros ou falhas técnicas de *hardware*. • Erros ou falhas técnicas de *software*. • Obsolescência tecnológica. • Actos de sabotagem, vandalismo e terrorismo.
Dutta e McCrohan (2002)	Naturais	• Inundações, fogo.
	Organizacionais	• Empregados descontentes; concorrentes.
	Técnicas	• Fraquezas no *hardware*, *software* e componentes de rede.
Landoll (2006)	Humanas	Internas (empregados, gestores, etc.). Externas (piratas informáticos, terroristas, ex-empregados, concorrentes, etc.).
	Naturais	Fogo, sismos, água, furacões, tornados, etc.
	Tecnológicas	Internas (energia, comunicações, etc.). Externas (energia, comunicações, etc.). Sistema (*hardware*, *software*, aplicações).
Peltier (2004b); Stoneburner et al. (2002); Bowen, Hash, e Wilson (2006)	Naturais	Inundações, sismos, tornados, tempestades, etc.
	Humanas	Não intencionais (erros e omissões). Deliberadas (fraude, *software* malicioso, acessos não autorizados).
	Ambientais	Interrupção de energia eléctrica, poluição.
ISACA (2007)	Naturais	Inundações, fogo, ciclones, sismos.
	Não Intencionais	Fogo, água, estragos/desmoronamento de edifícios, falhas de equipamentos.
	Intencionais Físicas	Bombas, fogo, água, roubo.
	Intencionais Não Físicas	Fraude, espionagem, roubo de identidade, código malicioso, engenharia social, ataques de negação de serviço.

A análise de ameaças consiste em catalogar cada uma das ameaças para o negócio, identificando-se a ameaça para cada um dos activos de informação relativamente à confidencialidade, integridade e disponibilidade e o seu impacto no negócio (e.g., construindo uma tabela associando uma métrica a cada um dos intervalos de valor identificados como perdas do negócio).

O objectivo da análise de ameaças é identificar as ameaças que têm o potencial (capacidade e intenção) para explorar vulnerabilidades e afectar negativamente os activos e determinar a probabilidade da ameaça explorar uma vulnerabilidade e, deste modo, avaliar o nível de risco a que a organização está sujeita.

Existem três elementos associados com as ameaças: o <u>agente</u> (catalisador que realiza a ameaça: humano, natural ou técnico); o <u>motivo</u> (o que leva o agente a agir: intencional ou acidental); os <u>resultados</u> (impactos negativos em termos de confidencialidade, integridade e disponibilidade dos activos de informação). Loch et al. (1992) conceptualizam as ameaças com base em quatro elementos: <u>fontes</u> (internas e externas); <u>perpetradores</u> (humanos e não humanos); <u>intenção</u> (acidental e intencional); <u>consequências</u> (divulgação, modificação, destruição e negação de utilização), cujo exemplo é transmitido pelo Quadro 6.

Quadro 6: Exemplo de ameaças por origem e tipo de perpetrador.

Origem	Perpetrador	
	Humano	**Não Humano**
Internas	• Actos realizados pelos empregados • Procedimentos administrativos	• Falhas eléctricas e mecânicas • Problemas com programas informáticos
Externas	• Concorrentes • Piratas informáticos	• Desastres naturais • Vírus de computadores

Fonte: Adaptado de (Loch, 1992: p. 178).

A gestão das ameaças assenta em três elementos primordiais:
- **As pessoas** - cujo objectivo consiste em analisar e tratar os incidentes de segurança;
- **Os processos** - que devem assegurar uma identificação e resposta rápida aos incidentes de segurança;
- **A tecnologia** - como repositório central de toda a informação associada à gestão das ameaças.

Nesta perspectiva, Drew (2005) propõe um modelo representado na Figura 11, para a gestão de ameaças composto por:

- **Prevenção** – realização das acções necessárias para prevenir intrusões nos sistemas;
- **Alerta precoce** – permite à organização descobrir, hierarquizar e solucionar novas ameaças que afectem os seus sistemas e infra-estruturas tecnológicas;
- **Identificação e avaliação** – compreende a identificação de vulnerabilidades que possam ser exploradas por ameaças e que permitem ter uma visão global da exposição da organização às ameaças;
- **Detecção e resposta** – envolve a monitorização de todos os componentes críticos da infra-estrutura tecnológica deve ajustar-se aos interesses e necessidades dos utilizadores.

Figura 11: Gestão de ameaças.

Fonte: Drew (2005, p. 38).

5.4 Análise de Risco

A análise de risco tem como base os conceitos de ameaça, vulnerabilidade, riscos e controlos, como esquematizado na Figura 12. A existência de ameaças e vulnerabilidades não constitui, só por si, a existência de riscos. As ameaças e vulnerabilidades devem ser quantificadas para determinar a existência e magnitude dos riscos no ambiente definido.

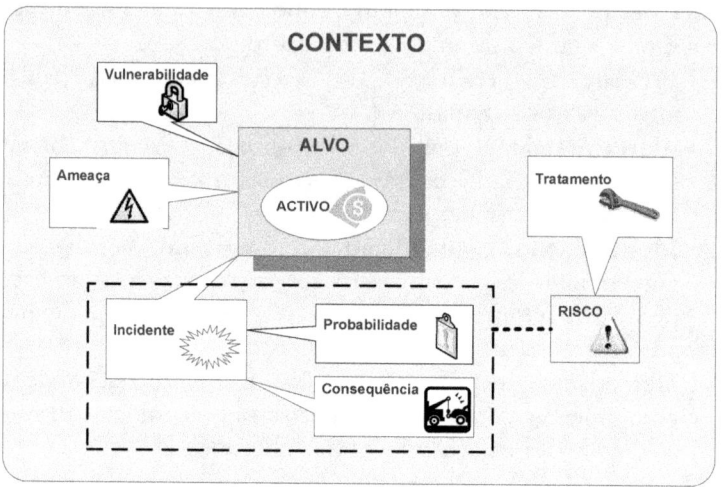

Figura 12: Elementos da análise de risco.

Fonte: Vraalsen et al. (2007, p. 314).

A análise de risco identifica os activos de negócio que a organização pretende proteger e as ameaças a que esses activos estão expostos. O objectivo da análise de risco é identificar e avaliar todos os riscos e sugerir um conjunto de controlos que permitam reduzir os riscos para um nível aceitável. A análise de risco proporciona aos gestores a informação necessária para o processo de tomada de decisão sobre o investimento em segurança da informação e para desenvolver as políticas de gestão de risco adequadas, permitindo definir o valor que deve ser despendido em segurança e as áreas onde o mesmo deve ser aplicado, de forma a reduzir a sua exposição ao risco.

A metodologia a adoptar pelas organizações para a avaliação do risco deve integrar uma combinação de técnicas qualitativas e quantitativas (COSO, 2007). Neste sentido, o COSO preconiza a utilização de técnicas qualitativas quando os riscos não se prestam à quantificação ou não existe suficiente informação credível ou a análise dos dados quantitativos não é exequível ou não é rentável. Por seu lado, as técnicas quantitativas são utilizadas em actividades mais complexas e sofisticadas, como complemento das técnicas qualitativas, e requerem um elevado grau de esforço e rigor, utilizando modelos matemáticos na maior parte das vezes.

A abordagem quantitativa expressa o risco em termos numéricos, sendo a utilização da Exposição Anual à Perda (*Anual Loss Exposure* [ALE]) uma das técnicas mais salientes deste tipo de abordagem, dado que permite estimar o risco através do cálculo do valor da perda expectável decorrente de uma determinada ameaça e é geralmente expresso na Equação 2:

$$ALE = (Valor\ do\ Activo \times Factor\ de\ Exposição) \times Taxa\ Anual\ de\ Ocorrê\textbf{?} \quad (2)$$

Onde *Factor de Exposição* é igual à percentagem das perdas dos activos causados pela ameaça identificada.

O produto do valor do activo pelo factor de exposição também é conhecido por perda única esperada e pretende medir o impacto específico de um evento de segurança simples. A taxa anual de ocorrência é a frequência esperada para a ocorrência da ameaça.

A abordagem qualitativa não tem nenhum valor numérico associado, baseando-se, geralmente, em opiniões e julgamentos e os resultados são resumidos em palavras como "baixo", "médio" e "alto". Utiliza diferentes cenários de possibilidades de riscos e hierarquiza a gravidade da ameaça e a sensibilidade do activo.

Os pressupostos para a utilização de uma ou outra abordagem são variados, embora os diversos autores reconheçam que a qualidade, fiabilidade, credibilidade e objectividade da informação de suporte seja um factor decisivo para o resultado final da análise dos riscos.

Powell (1996, p. 317) afirma que "a avaliação quantitativa dos riscos, embora exequível em princípio, é provavelmente impraticável" e propõe que se efectue uma avaliação qualitativa e posteriormente, para os riscos potencialmente mais relevantes, se deva elaborar uma avaliação quantitativa. Para Stephenson (2004) a análise quantitativa depende da credibilidade da informação a trabalhar, a qual, na sua maioria é subjectiva e tem uma influência directa na credibilidade dos resultados da análise. Também na mesma linha de opinião, o COSO (2007, p. 49) realça que "as técnicas quantitativas dependem da qualidade dos dados e dos pressupostos e são mais relevantes para riscos que tenham um histórico e frequência de variabilidade conhecidos e permitam previsões fiáveis". Na realidade, e como se trata de prever situações futuras, sem dados objectivos é impossível desenvolver uma previsão fiável do futuro e porque faltam dados objectivos para determinados tipos de ameaças de segurança da informação (agentes humanos que exploram vulnerabilidades conhecidas), é difícil usar uma abordagem previsional com base em probabilidades.

Por sua vez, as "abordagens qualitativas são um pouco melhores porque mesmo uma análise qualitativa exige um conjunto de decisões da parte do analista" (Stephenson, 2004: p. 15) o que na opinião de Karabacak e Sogukpinar (2005) faz com que o resultado deste método esteja profundamente dependente das ideias das pessoas que efectuam a análise de risco. Por sua vez, Blakley, McDermott e Geer (2001) afirma que a informação de qualidade é um pré-requisito para uma análise de risco qualitativa e que "a falta de bons dados pode ser a razão principal pela qual a análise qualitativa dos riscos de segurança de informação não é normalmente realizada" (Blakley at al., 2001, p. 99). Reconhecendo a fraca qualidade dos dados, Stoneburner (2002) propõe, dada a natureza genérica da informação em análise, apenas categorias qualitativas para a determinação da probabilidade e do impacto dos eventos de risco.

Blakley et al. (2001) afirmam que não conhecem nenhuma norma que recomende a utilização de métodos quantitativos para a análise de risco e que estes métodos são de utilização geral em outras disciplinas, mas não na segurança da informação. Na realidade, das metodologias de gestão de risco apresentadas (ver Capítulo 8), nenhuma delas propõe exclusivamente a utilização de técnicas quantitativas. Algumas dessas metodologias são, por natureza, qualitativas (CRAMM, OCTAVE, NIST SP 800-30), enquanto outras identificam as técnicas que devem ser utilizadas na avaliação dos riscos, como é o exemplo da AS/NZS 4360:2004 (Standards Australia/Standards New Zealand, 2004) e do ISACA (2007) que identificam três técnicas (qualitativa, semi-quantitativa e quantitativa). Já o The General Security Risk Assessment Guideline (ASIS International 2003) recomenda uma avaliação quantitativa dos riscos de segurança, mas no caso em que os dados disponíveis sobre um ou mais riscos de segurança podem de ser demasiado escassos para permitir uma avaliação quantitativa completa, sugere uma abordagem qualitativa. A norma ISO 17799:2005 remete para a norma ISO/IEC 13335-3 (*guidelines for the management of IT security: techniques for the management of IT security*) as várias metodologias que podem ser adoptadas para a análise do risco.

Embora reconhecendo que os métodos de análise de risco que utilizam técnicas quantitativas de forma intensiva não são os mais adequados para as actuais análises de risco de segurança da informação em contraponto com os métodos qualitativos, os quais devido à sua natureza geram resultados inconsistentes, Karabacak e Sogukpinar (2005) propõem um modelo baseado numa abordagem quantitativa para analisar os riscos de segurança da informação. Este modelo está basicamente assente na preparação de um inquérito com o objectivo de recolher dados quantitativos junto dos utilizadores de modo a avaliar os riscos de segurança da informação. Qualquer uma das abordagens tem as suas vantagens e desvantagens, as quais estão sintetizadas no Quadro 7.

Quadro 7: Vantagens e desvantagens das técnicas quantitativas e qualitativas.

Abordagem	Vantagem	Desvantagem
Quantitativa	• Os resultados são baseados em processos e métricas objectivos. • É essencial uma avaliação de custo/benefício. • Utilização de uma linguagem de gestão (valor monetário, probabilidades, percentagens).	• Cálculos complexos. • Exigência de muito trabalho preliminar. • Apenas funciona correctamente com uma ferramenta automática • Dificuldade em obter dados correctos. • Dificuldade em avaliar impactos em empregados, clientes, fornecedores.
Qualitativa	• Fácil de perceber e cálculos simples. • Não é necessário quantificar a frequência da ameaça. • Muitas questões não técnicas são de fácil contabilização. • Fornece flexibilidade no processo e no reporte de informação.	• Método subjectivo por natureza. • Resultados dependem da qualidade das pessoas que efectuam a análise de risco. • Não existem bases para uma análise custo/benefício para a mitigação dos riscos.

Quer se opte por uma ou outra técnica, é normal a utilização de uma matriz de exposição ao risco, conjugando o impacto e a probabilidade de ocorrência do evento de risco. Esta matriz possibilita a hierarquização dos riscos consoante o grau de exposição. O exemplo da Figura 13, utiliza uma abordagem qualitativa para a avaliação dos riscos.

5.5 Controlos e Medidas Preventivas

Um controlo pode ser definido como as políticas, procedimentos, práticas e estruturas organizativas desenhadas para fornecer uma garantia razoável que os objectivos do negócio serão alcançados e os acontecimentos indesejáveis serão impedidos ou detectados e corrigidos, ou seja, "é algo que reduz a exposição, quer pela redução da probabilidade do ataque (redução da vulnerabilidade), da redução das perdas do negócio associadas com a ameaça (redução do impacto) ou da redução das perdas resultantes de um ataque bem-sucedido (redução da exposição) " (Birch & McEvoy, 1992, p. 48).

Os controlos são práticas (técnicas), procedimentos (actividades) ou mecanismos (tecnologia) que têm como objectivo eliminar os riscos ou reduzi-los para um nível aceitável pela organização e proteger a confidencialidade, integridade e disponibilidade da informação, tendo em consideração que nem todos os controlos implementados podem eliminar os riscos que visam tratar.

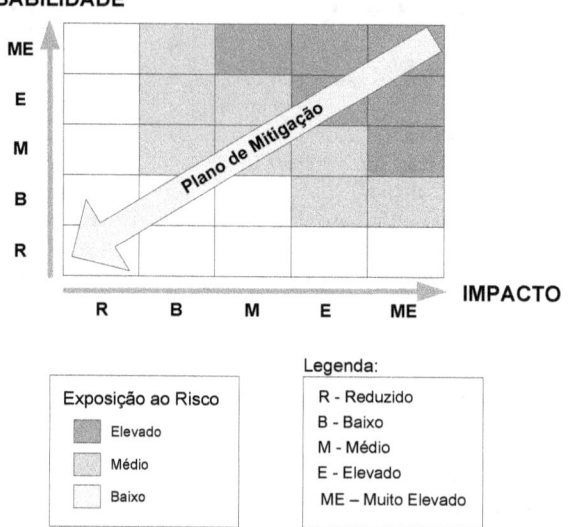

Figura 13: Matriz de risco.

Fonte: Adaptado de Noor, Dillon e Williams (2001).

Os controlos base são os controlos de segurança mínimos recomendados para um sistema de informação e servem de ponto de partida para as organizações determinarem quais os controlos de segurança necessários para proteger os seus activos.

Os factores que determinam quais e quantos controlos de segurança da informação são necessários são:

- Os requisitos de negócio que determinam em que medida a confidencialidade, a integridade e disponibilidade de informações devem ser preservados;
- Os estatutos, regulamentos e normas que podem ser aplicados na organização;
- Os riscos que ameaçam a infra-estrutura.

Os controlos podem ser preventivos, detectivos e correctivos, assim como correctivos, dissuasores, de recuperação e compensatórios, cuja finalidade é a seguinte (ISACA, 2007):

- **Controlos dissuasores**: reduzir a probabilidade de ocorrência de ameaças;
- **Controlos preventivos**: reduzir as vulnerabilidades e evitar ataques

com sucesso ou reduzir o seu impacto;

- **Controlos correctivos**: reduzir o impacto;
- **Controlos compensatórios**: compensar o aumento do risco;
- **Controlos detectivos**: descobrir ataques ou provas que indiciem um ataque e desencadear controlos preventivos ou correctivos.

Os controlos devem ter um conjunto de características, tais como:

- **Oportunidade**: de identificação e de resposta às ameaças identificadas;
- **Economia**: custo do controlo face ao custo potencial da ameaça;
- **Responsabilidade**: a implementação e monitorização do controlo devem ser atribuídas a um interveniente do processo em particular;
- **Posicionamento**: momento da implementação do controlo – antes, durante ou após determinado processo;
- **Flexibilidade**: os controlos devem ser modulares e de fácil substituição quando novos métodos ou sistemas são desenvolvidos;
- **Aplicabilidade**: deve fornecer à gestão as respostas e acções necessárias para a manutenção dos processos de negócio;
- **Completo**: deve satisfazer todos os objectivos associados à implementação do controlo.

Decorrente do modelo representado na Figura 14, conclui-se que, mesmo depois de implementados todos os controlos de segurança, ainda existe algum risco remanescente, denominado de risco residual, o qual pode ser resultado de alguns activos que ficaram desprotegidos intencionalmente, quer devido ao nível de risco baixo que lhe foi atribuído, quer ao elevado custo do controlo proposto.

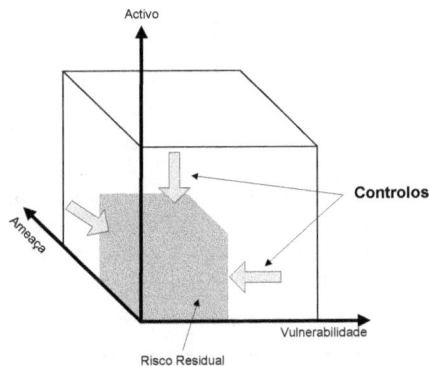

Figura 14: Risco como função do valor do activo, ameaça e vulnerabilidade.

Fonte: Yazar (2002, p. 3).

A aceitação do risco residual deve ter em consideração um conjunto de factores, destacando-se: a conformidade com a regulamentação; a política organizacional; os activos críticos; os níveis aceitáveis dos impactos potenciais; o custo e eficácia da implementação dos controlos.

Após a identificação dos requisitos de segurança, dos riscos e das decisões acerca do tratamento dos riscos, a fase seguinte do processo de gestão dos riscos é a selecção e implementação dos controlos adequados para assegurar que os riscos são reduzidos para um nível aceitável pela gestão. A selecção dos controlos pode ser efectuada com base em qualquer uma das normas e regulamentos apresentados no Quadro 8 e detalhadas no Apêndice A – Normas e regulamentos sobre controlos de segurança, tendo sempre em atenção que os controlos a seleccionar devem satisfazer as necessidades da organização. De acordo com o contexto e ambiente de risco próprio de cada organização, dever-se-á optar pela(s) norma(s) que mais se adequa(m) à realidade de cada organização, tendo sempre presente que esses controlos devem ser entendidos como princípios orientadores para a gestão da segurança da informação.

Quadro 8: Normas e regulamentos referentes a controlos de segurança.

Classificação		Normas e Regulamentos
	Geral	• The Standard of Good Practice for Information Security. • Generally Accepted Information Security Principles. • Control Objectives for Information and related Technology (CobiT). • Information Technology – Security Techniques – Code of Practice for Information Security Management (ISO/IEC 17799:2005). • An Introduction to Computer Security: The NIST Handbook (NIST SP 800-12). • Recommended Security Controls for Federal Information Systems (NIST SP 800-53).
Sectorial	Finanças	• International Convergence of Capital Measurement and Capital Standards: A Revised Framework (Basel II). • Gramm-Leach-Bliley Financial Modernization Act of 1999 (GLB).
	Saúde	• Health Insurance Portability and Accountability Act (HIPAA) Security Rule.
	Seguros	• Solvency II.

Existem diversas normas e regulamentos referentes a controlos de segurança, uns mais generalistas, outros direccionados para sectores específicos da actividade económica. Todavia, a selecção por um ou outra norma de controlos de segurança depende do ambiente de risco de cada organização.

5.6 Plano de Acção

Identificados os riscos e os controlos a implementar para gerir esses riscos, deve ser definido um plano de acção que deve documentar a informação sobre:

- As acções propostas, prioridades e calendarização;
- Requisito dos recursos a utilizar;
- Papéis e responsabilidades de todas as partes envolvidas no processo;
- Medidas de avaliação das acções implementadas;
- Elaboração de relatórios de controlo e monitorização.

A estratégia a adoptar para o tratamento dos riscos é função da apetência ao risco, tolerância ao risco e cultura de risco da organização. É, portanto, em função destas variáveis e após a determinação da exposição ao risco que a organização vai definir qual o tipo de tratamento a dar a cada um dos riscos identificados, podendo utilizar um processo como o apresentado na Figura 15.

Figura 15: Estratégia de mitigação dos riscos.

Fonte: Bowen et al. (2006, p. 92).

A literatura sobre gestão de risco apresenta várias estratégias para tratamento dos riscos, as quais estão sintetizadas no Quadro 9.

Quadro 9: Estratégias para tratamento dos riscos.

Tipo de Estratégia	Descrição
Aceitação/ Retenção	Aceitação do risco pela gestão, i.e., manutenção do risco se o mesmo tem um custo baixo ou uma probabilidade reduzida de ocorrer.
Atenuação/ Redução	Implementação de controlos para reduzir o risco para um nível aceitável.
Eliminação	Eliminação do risco através da supressão dos processos que originam esses riscos.
Limitação/ Anulação/ Mitigação	Implementação de controlos que minimizam o impacto adverso da ameaça que explora determinada vulnerabilidade ou reduzindo a probabilidade de que o evento ocorra.
Planeamento	Processo que hierarquiza, implementa e mantém os controlos.
Transferência	Transferência do risco para terceiros (companhia de seguros, e.g.) de forma a compensar as perdas originadas por uma ameaça.
Indemnização	Vários negócios partilham o custo de determinados riscos.
Partilha	Aceita partilhar o risco através de parcerias, *outsourcing* ou outras abordagens de partilha.
Aquisição	Como a organização tem competência chave para gerir este tipo de risco e procura adquirir risco adicional deste tipo.

5.7 Controlar e Monitorizar

Uma adequada segurança da informação e dos sistemas que a processam é da responsabilidade da gestão da organização, pelo que a gestão deve conhecer o estado actual do programa de segurança da informação e dos controlos implementados, de forma a tomar as decisões mais adequadas e decidir pelos investimentos mais económicos que mitiguem os riscos para um nível aceitável. Depois de implementados, os controlos de segurança devem ser avaliados para determinar se foram implementados correctamente, se funcionam como desejado e se produzem os resultados pretendidos para satisfazer os requisitos de segurança do sistema.

Esta avaliação do programa de segurança pode ser efectuada com base no NIST SP 800-53A (*Guide for Assessing the Security Controls in Federal Information Systems*) relativamente aos controlos implementados com base no NIST SP 800-53 (*Recommended Security Controls for Federal Information Systems*). O objectivo do NIST SP 800-53A é fornecer orientações para avaliar a eficácia dos controlos de segurança, propondo a estrutura conceptual para o desenvolvimento de procedimentos de avaliação constante da Figura 16.

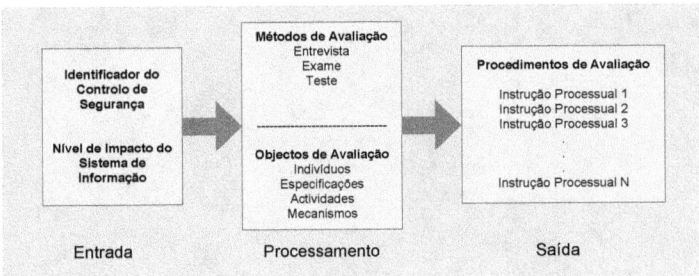

Figura 16: Estrutura conceptual para o desenvolvimento de procedimentos de avaliação.

Fonte: Ross et al. (2005, p. 5).

O componente de entrada compreende apenas o identificador do controlo de segurança objecto de avaliação e o nível de impacto do sistema de informação em que o controlo é aplicado. O componente de processamento identifica os métodos e objectos de avaliação relativos ao controlo de segurança identificado no componente de entrada. O componente de saída consiste num conjunto de declarações processuais para determinar a eficácia do controlo de segurança.

6 MÉTRICAS DE SEGURANÇA

O estabelecimento de metas de desempenho é um componente importante da definição das medidas da segurança da informação, pois constitui um ponto de referência para medir o sucesso, o qual é baseado na diferença entre o resultado da medição e o objectivo de desempenho declarado. Um programa de avaliação permite às organizações conhecer, gerir e melhorar o seu desempenho, na medida em que a medição efectuada permite caracterizar, avaliar, estimar e melhorar o que está a ser produzido e a forma como é produzido.

Contudo, a existência de um programa de medição e análise não está isento de erros e omissões que podem colocar em causa a própria essência e objectivos do programa. Segundo Kasunic (2008) existem diversas fontes de erros, salientando-se as seguintes:

- Ausência ou objectivos de medição confusos;
- Ausência de recursos e formação;
- Divergência com definições operacionais;
- Falta de rigor do processo de medição;
- Falta de prioridade ou interesse nas medidas e sua análise;
- Erros na digitação dos dados;

Para evitar a ocorrência destes erros, Kasunic propõe um processo de medição conforme apresentado na Figura 17.

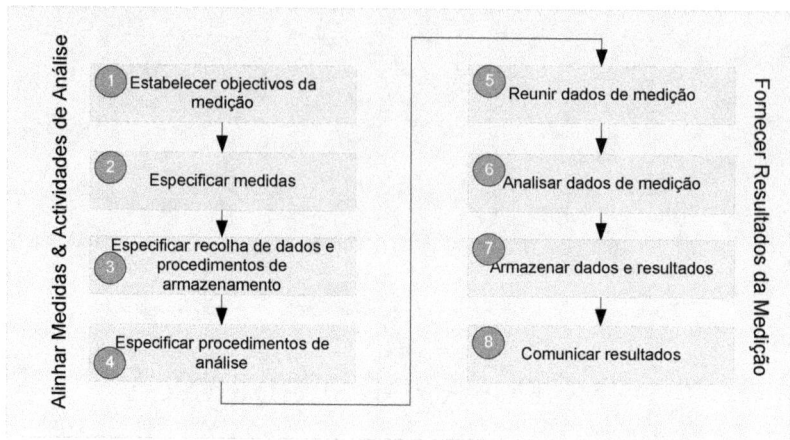

Figura 17: Processo de medição do desempenho das medidas de segurança.

Fonte: Adaptado de Kasunic (2008, p. 10).

Qualquer processo de avaliação dos controlos de segurança implementados envolve um conjunto de entidades, conceitos e relações, cujo objectivo é garantir aos proprietários dos activos de informação que a avaliação realizada assegura que os controlos implementados são correctos e suficientes para minimizar os riscos dos activos, tal como expresso na Figura 18.

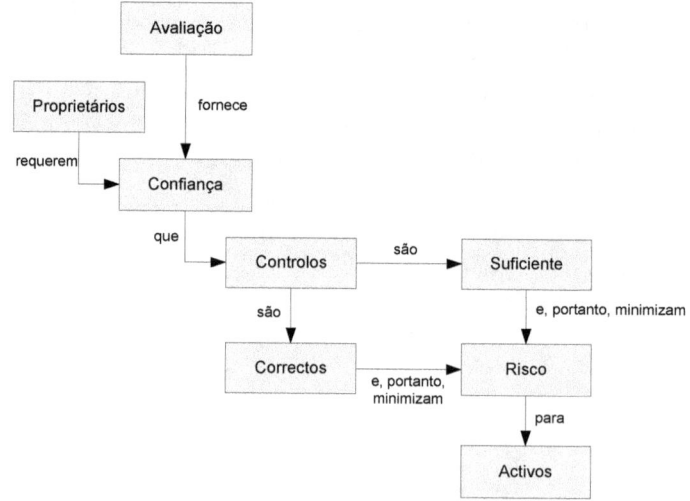

Figura 18: Conceitos e relações do processo de avaliação.

As métricas da segurança da informação têm como objectivo medir a eficácia dos esforços de segurança da organização ao longo do tempo e podem fornecer orientação na hierarquização de acções correctivas e aumentar o nível de conhecimento da segurança na organização.

As métricas pretendem dar resposta a um conjunto de interrogações colocadas pelos gestores, designadamente:

- Quais os activos que necessitam ser protegidos?
- Como é que se pode justificar o custo de novos controlos de segurança?
- Quando é que a organização sabe que o seu programa de segurança lhe garante um nível de segurança desejado?
- Como é que a organização compara as suas práticas de segurança com as outras organizações da indústria e com as normas e melhores práticas?

A utilização de métricas de segurança permitem às organizações melhorar o seu processo de responsabilização da segurança, pois possibilitam medir cada aspecto da organização da segurança, além de ajudarem a determinar a eficácia dos processos, procedimentos e controlos de segurança implementados.

Os benefícios da utilização de métricas de segurança podem assumir variadas formas, nomeadamente:

- Medir a eficácia dos controlos de segurança implementados;
- Aumentar a responsabilidade pela segurança da informação;
- Identificar áreas de segurança a melhorar;
- Melhorar a eficácia da segurança de informação;
- Demonstrar conformidade com leis, regulamentos;
- Determinar a eficácia dos programas de gestão do risco;
- Fornecer evidência de que o programa de segurança está em conformidade com as normas e melhores práticas.

As métricas de segurança devem ter as seguintes características:

- Devem medir aspectos significativos da organização;
- Devem ser reproduzíveis e consistentes;
- Devem ser objectivas e imparciais;
- Devem ser capazes de medir algum tipo de progressão relativamente a um objectivo.

Além de ter em atenção estas características das métricas, qualquer programa de avaliação da segurança da informação deve considerar os seguintes factores:

- As métricas devem produzir informação quantificável (números, médias, percentagens, etc.);
- Os dados que suportam as métricas devem estar disponíveis no momento;

- Apenas os processos de segurança da informação repetitivos devem ser considerados para avaliação;
- As métricas devem servir para acompanhar o desempenho e direccionar recursos.

Wang (2005) sustenta que existem alguns equívocos acerca das métricas de segurança, na medida em que estas: (i) são mais qualitativas do que quantitativas; (ii) são mais subjectivas do que objectivas; (iii) são muitas vezes definidas sem um modelo formal e (iv) não incorporam o factor tempo.

Segundo Payne (2006) a definição de um programa de métricas de segurança, independentemente do modelo subjacente, deve ter em consideração sete passos chave:

1. Definir metas e objectivos do programa de métricas;
2. Decidir as métricas a criar;
3. Desenvolver modelos para a criação das métricas;
4. Definir critérios de comparação;
5. Estabelecer métodos para reportar as métricas;
6. Criar um plano de acção para implementar as métricas;
7. Estabelecer um programa contínuo de revisão e actualização das métricas.

Para Swanson, Bartol, Sabato, Hash, e Graffo (2003) o processo de desenvolvimento das métricas de segurança dos SI/TI compreende seis fases distintas, integradas em duas actividades principais: identificação e definição do actual programa de segurança dos SI/TI e desenvolvimento e selecção de métricas específicas para medir a implementação, eficácia e eficiência e o impacto dos controlos de segurança, conforme ilustrado na Figura 19.

Figura 19: Processo de desenvolvimento das métricas de segurança dos SI/TIC.

Fonte: Adaptado de Swanson et al. (2003, p. 15).

No seguimento do processo de desenvolvimento das métricas de segurança dos SI/TIC, Swanson et al. (2003) definem três tipos de métricas:

- Métricas de implementação para medir a implementação da política de segurança, isto é, para demonstrar a evolução da implementação das políticas e procedimentos e nos controlos de segurança;
- Métricas de eficácia/eficiência para medir os resultados da entrega de serviços de segurança, sendo utilizadas para monitorar os resultados da implementação dos controlos de segurança;
- Métricas de impacto para medir o impacto no negócio ou na missão dos eventos e actividades de segurança, através da quantificação da poupança de custos originada pela aplicação do programa de segurança.

Estas métricas podem ser utilizadas simultaneamente em qualquer programa de segurança da informação, contudo, a utilidade das métricas varia consoante a maturidade de cada programa de segurança da informação.

Tendo como base as classes e famílias de controlos de segurança definidos no NIST SP 800-53, Chew, Clay, Hash, Bartol, e Brown (2006) apresentam um conjunto de métricas associadas a cada uma das famílias de controlos de segurança, sinteticamente resumidos no Quadro 10.

Quadro 10: Métricas associadas a família de controlos.

Classe	Família de Controlos	Exemplos de Métricas
Controlos de Gestão	Avaliações de certificação, acreditação e segurança	• % de sistemas operacionais que concluíram alterações importantes em termos de certificação e acreditação; • % de novos sistemas que concluíram a certificação e acreditação antes da implementação.
	Planeamento	• % de empregados que assinaram documento em como leram e compreenderam as regras de comportamento, antes de terem autorização para aceder aos sistemas de informação.
	Avaliação de risco	• % de vulnerabilidade de risco elevado mitigadas em tempo útil; • % de incidentes causados por vulnerabilidades conhecidas.
	Aquisição de sistemas e serviços	• % de contratos de aquisição de sistemas e serviços que incluem requisitos de segurança • % de contratos de aquisição de sistemas e serviços que requerem reporte regular de conformidade com os requisitos de segurança.
Controlos Operacionais	Consciencialização e formação	• % de utilizadores com formação básica em consciencialização. • % do pessoal da área de segurança dos SI/TI que receberam formação em segurança.
	Gestão de configurações	• % de sistemas que estão em conformidade com a configuração básica; • % de alterações de configuração documentadas na última configuração básica.
	Planeamento de contingência	• % de sistemas tratados com sucesso nos testes ao plano de contingência;
	Resposta a incidentes	• % de incidentes reportados superiormente; • % de sistemas que utilizam mecanismos automáticos para reportar incidentes de segurança.
	Manutenção	• % de componentes de sistema sujeitos a manutenção; • % de sistemas que utilizam ferramentas automáticas para validar o desempenho da manutenção periódica.

Classe	Família de Controlos	Exemplos de Métricas
	Protecção de media	• % de media que passa os testes de conformidade
	Protecção física e ambiental	• % de incidentes de segurança física que permitem a entrada não autorizada nas instalações dos SI/TI; • % de incidentes de segurança causados por falhas físicas dos controlos de acesso.
	Segurança dos recursos humanos	• % de pessoas examinadas antes de lhes ser concedido acesso aos sistemas de informação.
	Integridade da informação e dos sistemas	• % de alertas e avisos disseminados através da organização.
Controlos Técnicos	Controlo de acessos	• % de incidentes de segurança causados por configuração inadequada dos controlos de acesso.
	Auditoria e responsabilização	• Frequência média de registos de auditoria analisados por actividade inadequada; • % de sistemas que utilizam mecanismos automáticos para realizar análises de actividades inadequadas.
	Identificação e autenticação	• % de contas não associadas com utilizadores específicos.
	Protecção dos sistemas e das comunicações	• % de sistemas de comunicação externa que utilizam interfaces controladas.

Fonte: Adaptado de Chew et al. (2006).

7 NORMAS E MODELOS DE MATURIDADE

Existem algumas normas orientadoras e boas experiências de métricas de segurança na área dos SI/TIC, designadamente:

- *Trusted Computer System Evaluation Criteria* (TCSEC), (DoD 1985) publicado pelo departamento de defesa dos EUA (Dod), com o propósito de servir de base para a avaliação da eficácia dos controlos de segurança incorporados nos produtos dos sistemas automáticos de processamento de dados (DoD 1985);

- *Information Technology Security Evaluation Criteria* (ITSEC) (Commission of the European Communities 1991), publicado pela Comissão da Comunidade Europeia, tem como objectivo principal, dada a tendência crescente para a necessidade de aplicar medidas de segurança técnicas nos SI/TI, avaliar as medidas de segurança técnicas implementadas no hardware, software e firmware;

- *Common Criteria for Information Technology Security Evaluation - Part 1: Introduction and General Model* (Common Criteria 2006); *Common Criteria for Information Technology Security Evaluation - Part 2: Security Functional Components* (Common Criteria 2007) e *Common Criteria for Information Technology Security Evaluation - Part 3: Security Assurance Components* (Common Criteria 2007). Esta norma, dividida em três partes, deve ser utilizada como base para avaliação das propriedades de segurança dos produtos de SI/TI, definindo a estrutura e o conteúdo necessários dos componentes funcionais de segurança para efeitos da avaliação de segurança (Parte 2) e os requisitos de garantia (Parte 3);

- *Security Metrics Guide for Information Technology Systems* (Swanson, 2003) que fornece orientações sobre a forma como uma organização, através do uso de métricas, identifica a adequação dos controlos de segurança, políticas e procedimentos implementados. Também fornece uma abordagem para ajudar a gestão a decidir onde investir em recursos adicionais de protecção de segurança ou identificar e avaliar os controlos não defectivos;

- *Guide for Developing Performance Metrics for Information Security* (Chew, 2006), o qual se concentra no desenvolvimento e execução de métricas de segurança da informação para um programa de segurança da informação, dirigido especificamente aos organismos públicos dos EUA, mas com aplicação a qualquer entidade privada;

- *Performance Measurement Guide for Information Security* (Chew, 2008) que é um guia para auxiliar no desenvolvimento, selecção e implementação de medidas para serem utilizadas ao nível do sistema de informação e do programa.

Um dos aspectos mais importantes relacionado com as métricas é medir o progresso do programa de segurança contra um modelo de maturidade, pelo que se apresentam, de seguida, alguns modelos de maturidade e a sua relação com as métricas de segurança.

AlAboodi (2006) propõe um modelo de maturidade para a segurança da informação (MMSI), o qual tem como objectivo avaliar e medir a eficácia e eficiência da forma como os conceitos e práticas da segurança da informação são abordados e mantidos. Embora o autor afirme que este modelo incorpora diversas escolas de pensamento na área da segurança da informação, este MMSI está intimamente ligado à norma ISO 17799:2005, dado que existe uma ligação estreita entre os níveis do modelo e os domínios da norma ISO 17799:2005, tal como demonstrado pelo autor. Trata-se de um modelo multinível (conforme Figura 20) que se propõe avaliar a gestão da segurança da informação e a avaliação do nível da prática e consciencialização da segurança em qualquer organização assente nas tecnologias de informação e comunicação. A utilização do modelo permite perceber onde e com que grau de extensão os processos básicos da segurança (prevenção, detecção e recuperação) estão implementados e integrados.

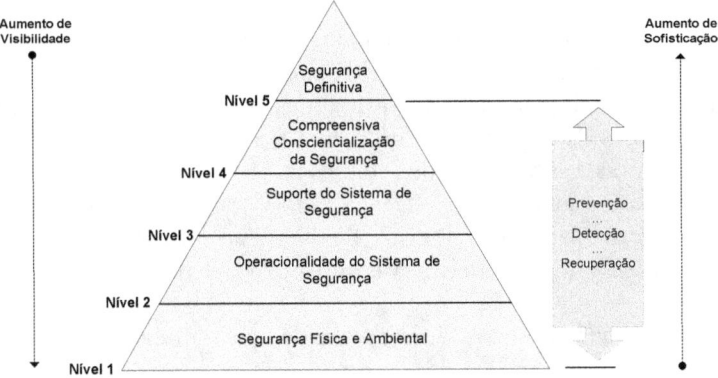

Figura 20: Modelo de maturidade para a segurança da informação.

Fonte: Adaptado de AlAboodi (2006, p. 2).

As três dimensões do modelo são:

- **Nível** – o modelo apresenta cinco níveis, desde o nível 1 relativo à segurança física e ambiental até à segurança definitiva do nível 5;
- **Processo** – diz respeito aos três processos básicos da segurança: prevenção, detecção e recuperação;
- **Pessoas** – representa os índices sofisticação e visibilidade, os quais são apreendidos do lado das pessoas.

O NIST (Swanson, 2003; Chew, 2006; Chew, 2008) propõe um modelo para a maturidade do programa de segurança assente em cinco níveis, esquematizado na Figura 21.

Disponibilidade dos Dados	Não Existente	Algum	Pode ser Recolhido	Disponível	Em Repositório Estandardizado
Dificuldade de Recolha	Muito Alto	Alto	Médio	Médio para Baixo	Baixo
Automatização da Recolha	Nenhum	Baixo	Médio	Alto	Completo
Tipos de Métricas	Definição de Objectivos	Objectivos Identificados	Implementação	Eficácia e Eficiência	Impacto

Desenvolvimento de Políticas	Desenvolvimento de Procedimentos	Implementação de Procedimentos e Controlos	Procedimentos e Controlos Testados	Procedimentos e Controlos Integrados
NÍVEL 1	NÍVEL 2	NÍVEL 3	NÍVEL 4	NÍVEL 5

Figura 21: Maturidade do programa de segurança e tipos de medição.

Fonte: Adaptado de Swanson (2003, p. 11).

De acordo com este modelo, o programa de segurança inicia-se pelo desenvolvimento das políticas (nível 1), pelo desenvolvimento dos procedimentos (nível 2), pela implementação dos procedimentos (nível 3), pela realização de testes de conformidade à eficácia dos procedimentos (nível 4) e, no final, pela integração total das políticas e procedimentos nas operações diárias da organização (nível 5). Os vários níveis do modelo estão associados à disponibilidade dos dados e à correspondente recolha e tratamento automático, isto é, à medida que existem mais dados disponíveis, torna-se mais fácil a sua recolha e automatização e as métricas (implementação, eficácia/eficiência e impacto) podem ser obtidas de forma mais realista.

Existem alguns modelos de maturidade que podem ser aplicados no âmbito das diversas vertentes da segurança da informação, alguns deles já referidos anteriormente, nomeadamente: o modelo de maturidade do programa de segurança do NIST (Swanson, 2003); o modelo de maturidade utilizado pelo CobiT (ITGI, 2007) para avaliar o nível de desempenho dos processos de gestão dos SI/TI e o modelo de maturidade do GAO (GAO 2004) para avaliar as práticas de gestão dos investimentos em SI/TI, sintetizados no Quadro 11.

Quadro 11: Modelos de maturidade de segurança dos SI/TIC.

Modelo	Níveis de Maturidade	Propósito
NIST	Nível 1 - Política Nível 1 - Procedimento Nível 1 - Implementação Nível 1 - Testes Nível 1 - Integração	Direccionado para os níveis de documentação
CobiT	Nível 0 - Não existente Nível 1 - Inicial (ad hoc) Nível 2 - Repetitivo mas intuitivo Nível 3 - Processos definidos Nível 4 - Gerível e mensurável Nível 5 - Optimizado	Direccionado para a auditoria de procedimentos específicos
CMMI (SEI/CM U)	Nível 0 - Incompleto Nível 1 - Executado Nível 2 - Gerido Nível 3 - Definido Nível 4 – Gerido quantitativamente Nível 5 - Optimizado	Direccionado para a segurança da engenharia e design de software
ITIM (GAO)	Nível 1 – Criar consciência de Investimento Nível 2 – Construir as fundações do investimento Nível 3 – Desenvolver processo de investimento Nível 4 – Melhorar processo de investimento Nível 5 – Potenciar SI/TI para resultados estratégicos	Direccionado para as práticas de gestão dos investimentos em SI/TI

Além destes modelos, existe também o modelo de maturidade do
SEI/CMU (Herndon, Moore, Phillips, Walker, & West 2003; Nelson, 2007)
para avaliar os processos que as organizações utilizam para desenvolver,
entregar e manter produtos e serviços.

Após um processo de avaliação da segurança da informação é expectável
que a gestão da organização execute as acções recomendadas pelos
avaliadores, o que, devido a determinadas razões, nem sempre se verifica.
Neal (2006) apresenta uma análise interessante sobre a resistência às
conclusões da avaliação da segurança, argumentando que a resistência,
entendida como uma forma passiva ou activa de não iniciar ou dar
continuidade ao plano das estratégias de mitigação das ameaças
identificadas numa avaliação da segurança, não é apenas função das
variáveis tradicionais como riscos, restrições orçamentais, formação
deficiente, má gestão ou insuficiência de recursos, mas está, também,
associada a variáveis psico-sociais. Estas variáveis, segundo o autor são: o
efeito espectador, controlo pessoal e incapacidade de tomar decisões,
submissão à autoridade e estilo de liderança. Para eliminar o efeito destas
variáveis na prossecução de um programa de segurança, Neal define um
conjunto de medidas preventivas, salientando que cada uma destas medidas
são "passos que a gestão executiva pode tomar para impedir que as
conclusões da avaliação possam tornar-se obsoletas e implementar as
medidas de segurança necessárias para reduzir as vulnerabilidades
identificadas na avaliação" (Neal, 2006, p. 51).

8 METODOLOGIAS E MODELOS

Para desenvolver um programa de gestão de risco sistemático, as organizações devem utilizar, com as correspondentes adaptações à realidade de cada uma delas, um *framework* no quadro da segurança de informação. Devido ao facto de existir uma vasta gama de ameaças e vulnerabilidades, bem como de diferentes ambientes de negócio, torna-se difícil implementar uma correcta metodologia de gestão de risco. Em virtude de todas estas *nuances*, Blakley et al. (2001) defendem que o resultado final do programa de gestão do risco depende da experiência da equipa de gestão de risco, originando, na maior parte das vezes, inconsistência nos resultados. Além disso, os profissionais da gestão de risco não têm nenhuma obrigação ética, formalmente reconhecida, para encontrar soluções seguras e eficazes em termos de gestão de risco para os incidentes de segurança tratados. Para ultrapassar todo este tipo de problemas, os autores defendem que estes profissionais devem respeitar um conjunto de características para que seja possível evitar soluções ineficazes ou perniciosas, nomeadamente:

- formação específica;
- autorização para exercer a profissão;
- obrigação ética de aplicar apenas as soluções adequadas e proteger a confidencialidade das suas acções;
- obrigação profissional de controlar a utilização de soluções potencialmente perigosas ou prejudiciais;
- obrigação profissional de informar as autoridades competentes sobre os riscos tratados.

Embora algumas das metodologias adiante apresentadas não tratem especificamente a área de segurança da informação (e.g., COSO), elas contribuem com uma perspectiva adequada para o tratamento deste tipo específico de riscos, razão pela qual se optou pela sua integração nesta secção.

As metodologias de gestão do risco da segurança da informação mais conhecidas são as descritas a seguir.

8.1 Enterprise Risk Management Framework (COSO – ERM)

Apesar de não se focar nos riscos da segurança da informação, as fases deste sistema de referência são, na sua essência, relativamente semelhantes às de outros modelos de gestão do risco, podendo, portanto, ser adaptado para a implementação de um modelo de gestão do risco da segurança da informação.

A gestão do risco corporativo preconizada pelo COSO (2007) é constituída por oito componentes interligados e integrados com o processo de gestão:

- **Ambiente interno:** a administração estabelece uma filosofia quanto ao tratamento dos riscos e estabelece um limite para a apetência ao risco. O ambiente interno determina os conceitos básicos sobre a forma como os riscos e os controlos serão vistos e abordados pelos empregados da organização;
- **Definição de objectivos:** a identificação dos potenciais eventos que poderão afectar a realização dos objectivos só poderá ser realizada após a definição dos objectivos a atingir pela organização. A gestão dos riscos corporativos assegura que a administração adopte um processo para estabelecer objectivos e estes devem suportar e estar alinhados com a missão da organização e, além disso, serem compatíveis com a apetência ao risco;
- **Identificação de eventos:** o objectivo desta fase é identificar os potenciais eventos (internos ou externos) que podem ter impacto na organização e afectar os objectivos. Os eventos a identificar poderão ser classificados riscos, oportunidades ou ambos;
- **Avaliação dos riscos:** Os riscos identificados são analisados com a finalidade de determinar a forma como serão geridos. Os riscos são avaliados tendo em consideração os seus efeitos inerentes e residuais, assim como a sua probabilidade de ocorrência e seu impacto no negócio;
- **Resposta aos riscos:** a equipa de gestão do risco identifica e avalia as possíveis respostas aos riscos: evitar; aceitar; reduzir; partilhar. A administração selecciona o conjunto de acções destinadas a alinhar os riscos às respectivas tolerâncias e à apetência ao risco;
- **Actividades de controlo:** são definidas e implementadas políticas e procedimentos para assegurar que as respostas aos riscos sejam executadas com eficácia;

- *Informação e comunicação:* para identificar, avaliar e responder ao risco, a organização necessita das informações em todos os níveis hierárquicos. A forma e o prazo em que as informações relevantes são identificadas, recolhidas e comunicadas permitam que as pessoas cumpram de acordo com as suas funções e responsabilidades;
- *Monitorização:* A integridade do processo de gestão dos riscos corporativos é monitorizada de forma a que possam ser realizadas as modificações necessárias, permitindo à organização reagir activamente e mudar segundo as circunstâncias. A monitorização é realizada através de actividades de gestão contínuas, avaliações independentes ou uma combinação de ambos os procedimentos.

8.2 SEI Risk Management Paradigm

Uma outra metodologia para a gestão do risco é a preconizada pelo SEI/CMU. Embora o objectivo desta metodologia esteja direccionada para a gestão de projectos, também pode ser usada na gestão dos riscos de segurança da informação.

As várias fases desta metodologia, representadas na Figura 22, são:
- *Identificar:* identificar riscos e suas possíveis causas (ameaças e vulnerabilidades);
- *Analisar:* avaliar impacto e probabilidade dos riscos, classificá-los e hierarquizá-los;
- *Planear:* definir planos de acção com base na informação da análise dos riscos;
- *Acompanhar:* analisar indicadores e monitorizar os planos de mitigação implementados;
- *Controlar:* gerir os planos de mitigação de riscos e corrigir os desvios quando existam;
- *Comunicar:* fornecer informação sobre as actividades de controlo dos riscos.

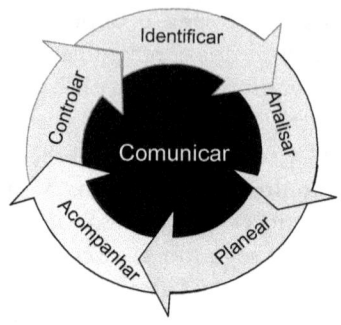

Figura 22: Paradigma da gestão do risco do SEI/CMU.

Fonte: Noor et al. (2001, p. 2).

8.3 General Security Risk Assessment

A ASIS International Guidelines Commission, criada em 2001 pela ASIS International como resposta a uma necessidade concertada de orientações relativamente a questões de segurança nos EUA, publicou, em 2003, *The General Security Risk Assessment Guideline*, com o objectivo de "fornecer uma metodologia através da qual os riscos de segurança numa localização específica possam ser identificados e comunicados, juntamente com as soluções adequadas" (ASIS International, 2003, p. 3). Esta orientação é aplicável a qualquer ambiente em que os activos de informação possam estar sujeitos a incidentes de segurança que possam resultar em prejuízos para as organizações e é composta por um processo de sete fases, tal como representado na Figura 23.

Os objectivos de cada uma destas fases estão assim discriminados:

- *Identificação de activos:* os activos a identificar incluem as pessoas, todos os tipos de propriedade, negócio, redes e informação;
- *Especificar eventos de perdas:* identificar os riscos ou ameaças com probabilidade de ocorrer através de uma análise de vulnerabilidades, a qual deverá ter em atenção tudo o que possa ser aproveitado para efectuar uma ameaça. Este processo deve evidenciar os pontos fracos e fornecer informação para o planeamento e implementação dos correspondentes controlos de segurança;
- *Frequência dos eventos:* determinar a regularidade dos eventos associados a perdas, tendo em consideração incidentes anteriores, tendências ou ameaças;

- *Impacto dos eventos:* determinar o impacto dos eventos, associando os respectivos custos financeiros, psicológicos e outros custos referentes às perdas dos activos tangíveis e intangíveis;
- *Opções de mitigação:* identificar as opções disponíveis para prevenir ou mitigar as perdas através da implementação de controlos físicos, lógicos ou procedimentos;
- *Opções de praticabilidade:* avaliar a praticabilidade dos controlos seleccionados para as opções de prevenção ou mitigação, sem colocar em causa a operação e rentabilidade da organização;
- *Análise custo-benefício:* identificar a rentabilidade dos controlos a implementar comparando os benefícios esperados com os custos associados à implementação.

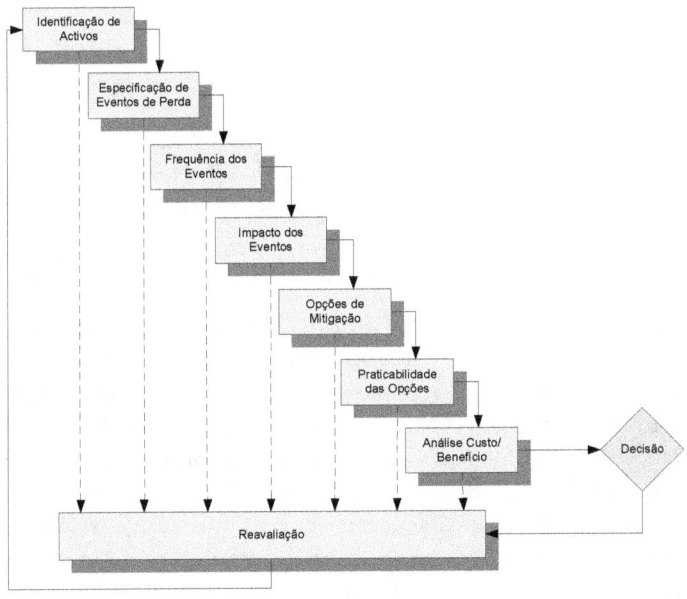

Figura 23: Fases do processo de gestão do risco do General Security Risk Assessment

Fonte: ASIS International (2003, p. 7).

8.4 CCTA Risk Analysis and Management Method (CRAMM)

CRAMM (CCTA *Risk Analysis and Management Method*) é uma análise de risco qualitativa associada a uma ferramenta de gestão e foi desenvolvida pela Central Computer and Telecommunications Agency [CCTA] do Reino Unido em 1985 para fornecer os departamentos governamentais com um método para as revisões de segurança dos sistemas de informação

(Herrmann & Khadraoui, 2007; Yazar, 2002). Este método é utilizado nos países da comunidade britânica (Commonwealth) e nos países da North Atlantic Treaty Organization [NATO].

Este método, conforme a Figura 24, é composto por três estádios:

- Identificação e valorização dos activos;
- Identificação das ameaças e vulnerabilidades e cálculo dos riscos;
- Identificação e hierarquização dos controlos.

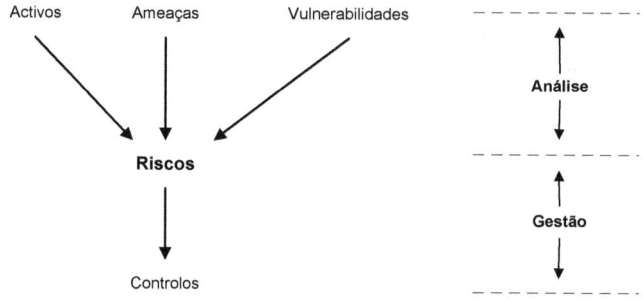

Figura 24: Passos do método CRAMM.

Fonte: Herrmann & Khadraoui (2007, p. 265).

8.5 Operationally Critical Threat, Asset, and Vulnerability Evaluation

A metodologia Operationally Critical Threat, Asset, and Vulnerability Evaluation [OCTAVE] foi desenvolvida pelo SEI/CMU e é "uma abordagem centrada nas pessoas que incide sobre os aspectos organizacionais e técnicos para determinar os riscos de segurança e as necessidades de segurança subsequentes de uma organização" (Herrmann & Khadraoui, 2007, p. 268), i.e., está orientada para dois aspectos: risco operacional e práticas de segurança. Esta abordagem consiste numa avaliação estratégica baseada no risco que permite às organizações tomar as suas decisões de protecção da informação com base nos riscos à confidencialidade, integridade e disponibilidade dos activos críticos de informação, existindo dois métodos distintos: um para as grandes organizações (OCTAVE Method) e outro para as pequenas organizações (OCTAVE-S). Ambos os métodos são compostos por três fases, mas com alguma diferença nos processos de cada fase. As fases desta metodologia, conforme a Figura 25, são: (1) criar perfis de ameaças baseados nos activos; (2) identificar vulnerabilidades nas infra-estruturas; (3) desenvolver planos e estratégias de segurança, assim discriminadas:

- **Fase 1:** corresponde a uma avaliação dos aspectos organizacionais, onde a equipa de análise identifica os activos críticos para a organização e as práticas actuais para a sua protecção e procede à identificação das ameaças a esses activos;
- **Fase 2:** avalia-se a infra-estrutura técnica para identificar vulnerabilidades que possam ser exploradas pelas ameaças;
- **Fase 3:** identificação dos riscos para os activos críticos da organização, avaliação desses riscos e definição da estratégia de protecção dos activos.

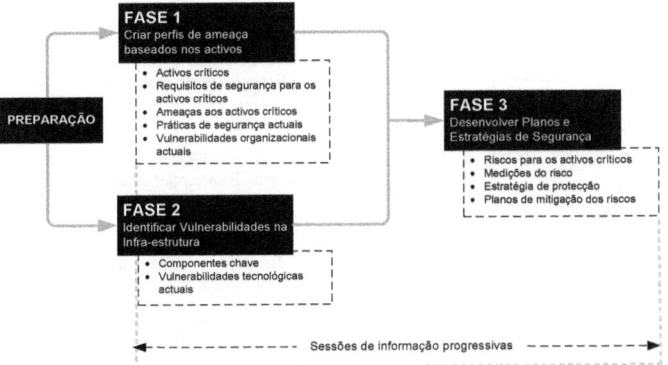

Figura 25: Fases da metodologia OCTAVE.

Fonte: Alberts et al. (2001, p. 3).

O OCTAVE assume a gestão do risco como um ciclo contínuo, na forma Identificar → Analisar → Planear → Implementar → Monitorizar → Controlar, mas apenas cobre as primeiras três fases deste ciclo.

8.6 Risk Management Guide for Information Technology Systems (NIST SP 800-30)

Este guia para a gestão do risco dos SI/TIC define duas áreas principais: as actividades de avaliação do risco (compostas por nove passos) e as actividades de mitigação dos riscos (compostas por sete passos), conforme apresentado na Figura 26.

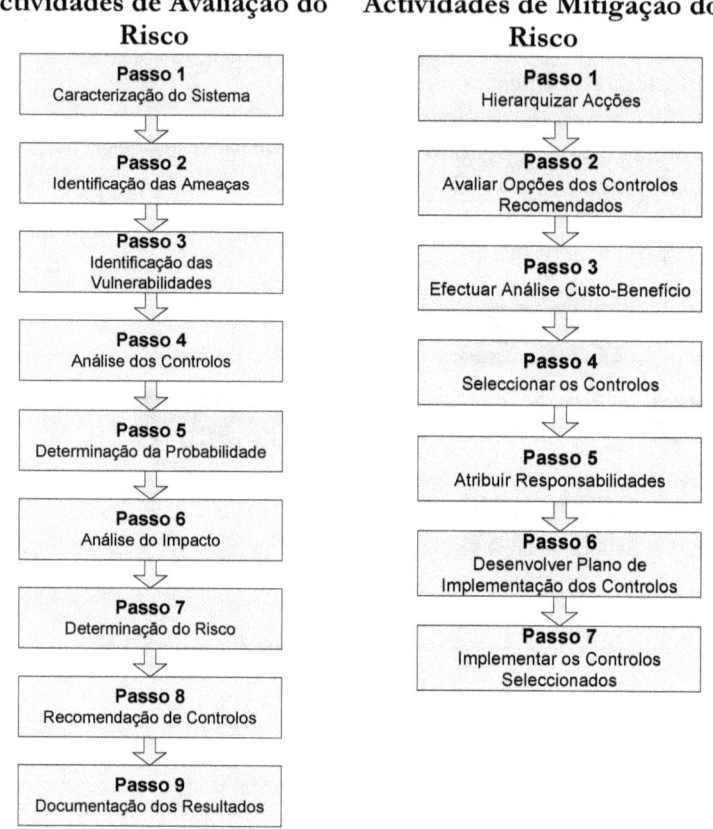

Actividades de Avaliação do Risco

Passo 1
Caracterização do Sistema

Passo 2
Identificação das Ameaças

Passo 3
Identificação das Vulnerabilidades

Passo 4
Análise dos Controlos

Passo 5
Determinação da Probabilidade

Passo 6
Análise do Impacto

Passo 7
Determinação do Risco

Passo 8
Recomendação de Controlos

Passo 9
Documentação dos Resultados

Actividades de Mitigação do Risco

Passo 1
Hierarquizar Acções

Passo 2
Avaliar Opções dos Controlos Recomendados

Passo 3
Efectuar Análise Custo-Benefício

Passo 4
Seleccionar os Controlos

Passo 5
Atribuir Responsabilidades

Passo 6
Desenvolver Plano de Implementação dos Controlos

Passo 7
Implementar os Controlos Seleccionados

Figura 26: Metodologias de Avaliação e Mitigação dos Riscos.

Fonte: Stoneburner et al. (2002, p. 9 e p. 31).

A metodologia da avaliação do risco abrange os seguintes nove passos:

- *Passo 1:* caracterização do sistema: definição do âmbito em análise, incluindo os SI/TIC, recursos e informação;
- *Passo 2:* identificação das ameaças: identificar as ameaças potenciais, tendo em consideração as fontes das ameaças, as vulnerabilidades potenciais e os controlos existentes;
- *Passo 3:* identificação das vulnerabilidades: desenvolver uma lista das vulnerabilidades que possam ser exploradas por ameaças potenciais;
- *Passo 4:* análise dos controlos: analisar os controlos já implementados ou planeados para implementação para minimizar ou eliminar a probabilidade de que uma ameaça possa explorar as

vulnerabilidades existentes;

- **Passo 5:** determinação da probabilidade: determinar a probabilidade que uma potencial vulnerabilidade possa ser explorada por uma ameaça;
- **Passo 6:** análise do impacto: determinar o impacto resultante de uma ameaça que explore com sucesso uma vulnerabilidade;
- **Passo 7:** determinação do risco: avaliar o risco dos SI/TIC para um par específico de ameaça/vulnerabilidade;
- **Passo 8:** recomendação dos controlos: indicar os controlos adequados para mitigar os eliminar os riscos identificados;
- **Passo 9:** documentação dos resultados: documentar toda a informação produzida durante a avaliação do risco (ameaças e vulnerabilidades identificadas, riscos avaliados e controlos recomendados).

Os diversos passos da abordagem para a implementação dos controlos (mitigação do risco) compreendem:

- **Passo 1:** hierarquização de acções: hierarquizar as acções de implementação dos controlos com base na informação resultante da análise de risco;
- **Passo 2:** avaliação das opções dos controlos recomendados: avaliar os controlos em termos da sua aplicabilidade e eficácia, de forma a seleccionar os controlos mais apropriados para a minimização do risco;
- **Passo 3:** efectuar análise custo-benefício: esta análise deve incluir o estudo do impacto da implementação e da não implementação dos controlos, assim como os custos associados à implementação;
- **Passo 4:** selecção dos controlos: com base na análise custo-benefício são seleccionados os controlos mais económicos para a redução do risco, incluindo controlos técnicos, operacionais e de gestão ou administrativos;
- **Passo 5:** atribuição de responsabilidades: atribuir responsabilidades às pessoas que irão implementar os controlos;
- **Passo 6:** desenvolver plano de implementação dos controlos: elaborar plano detalhado para a implementação dos controlos seleccionados, incluindo datas, pessoas, requisitos de manutenção, etc;
- **Passo 7:** implementar os controlos seleccionados: implementar os controlos de acordo com o plano de implementação.

8.7 Risk Management, AS/NZS 4360:2004

Esta norma, publicada juntamente pelo Joint Standards Australia/Standards New Zealand Committee OB-007, proporciona uma orientação geral para a gestão dos riscos, providenciando uma estrutura genérica para o estabelecimento do contexto, identificação, análise, avaliação, monitorização e comunicação dos riscos (Standards Australia/Standards New Zealand 2004).

Os processos da gestão do risco estabelecidos nesta norma são os representados na Figura 27.

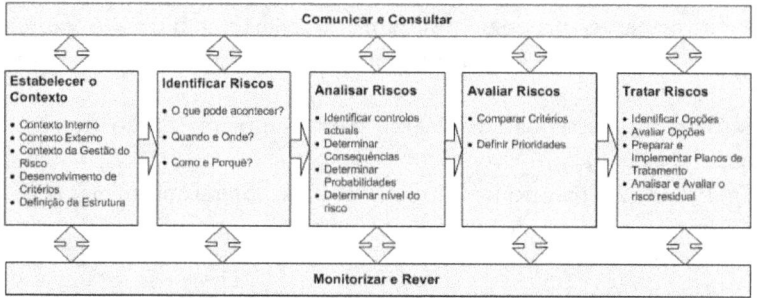

Figura 27: Processos da gestão do risco.

Fonte: Standards Australia/Standards New Zealand (2004, p.13).

- **Comunicar e consultar:** Comunicar e consultar com partes as interessadas (internas e externas) em cada uma das fases do processo de gestão do risco;
- **Estabelecer o contexto:** definir o contexto em que a gestão do risco se vai processar, assim como os critérios para a avaliação dos riscos e a correspondente estrutura da análise;
- **Identificação dos riscos:** identificar os eventos que podem influenciar negativamente a realização dos objectivos;
- **Análise do risco:** avaliar os controlos existentes, determinar a probabilidade, impacto e consequências dos riscos;
- **Avaliar os riscos:** avaliar e hierarquizar os riscos, considerando o balanceamento entre os benefícios potenciais e os resultados negativos;
- **Tratar os riscos:** desenvolver e implementar estratégias para reduzir as perdas potenciais;
- **Monitorizar e rever:** controlar a eficácia dos processos da gestão do risco, de forma a garantir uma melhoria contínua e não alterar as prioridades definidas.

9 A GESTÃO DO RISCO HUMANO

A CCE na sua comunicação 890 (CCE, 2001), reconhece a importância dos utilizadores dos SI/TIC como um factor de extrema importância na segurança da informação, ao afirmar que o ambiente do utilizador constitui um elemento-chave da infra-estrutura da informação e que "as técnicas de segurança têm que ser aplicadas com autorização e participação do utilizador e de acordo com as suas necessidades" (CCE, 2001, p. 10).

Para garantir a confidencialidade, integridade e disponibilidade da informação, as organizações devem assegurar que todas as pessoas envolvidas compreendem as suas responsabilidades em matéria de segurança da informação, dado que, de uma forma geral, as pessoas não têm uma boa compreensão do funcionamento dos SI/TIC ou das ameaças a que estão vulneráveis.

É comum falar-se que as pessoas são o elo mais fraco no modelo de segurança, mas as pessoas tanto podem ser o elo mais fraco ou mais forte da cadeia da segurança da informação, ou podem ser o único ou o obstáculo menos fiável à prevenção de incidentes indesejados. Albrechtsen e Hovden (2009), realçam o duplo papel que os utilizadores podem assumir no âmbito da segurança da informação: como um factor de risco (podem executar actos maliciosos – intencionais e não intencionais -, ignoram os riscos e as formas de os mitigar) e como um recurso de combate às ameaças através da sua actuação em conformidade com os regulamentos e políticas de segurança.

Na realidade, as pessoas podem ser o elo mais fraco da segurança da informação se não tiverem a formação adequada e sem formação e acções de sensibilização em segurança, as organizações não conseguem atingir os seus objectivos em matéria de conformidade, além de que pessoal diligente e bem treinado pode tornar-se o elo mais forte da infra-estrutura de segurança de uma organização.

Schultz (2005) partilha da opinião que a segurança é um problema das pessoas e não da tecnologia, pois são as pessoas que controlam e manipulam a tecnologia e não o contrário, pois a tecnologia é desenhada para ser gerida e utilizada pelas pessoas, sem esquecer que a maior parte das tecnologias de segurança são desenhadas para funcionarem de acordo com um comportamento responsável e previsível por parte dos utilizadores, o que nem sempre acontece. Schultz (2005) enumera um conjunto de factores que fazem depender a segurança da informação do comportamento e atitudes das pessoas, tais como:

- As pessoas estão envolvidas na instalação, configuração e manutenção da tecnologia, pelo que os erros humanos podem acontecer, mesmo que inadvertidamente, traduzindo-se em vulnerabilidades que podem ser exploradas intencional ou acidentalmente;
- As pessoas podem ser levadas a praticar actos desonestos e utilizar a tecnologia para aceder de forma não autorizada a informação e sistemas a que não têm direito;
- As pessoas, designadamente as responsáveis pela administração das tecnologias, enveredam, em nome da eficiência, por caminhos mais curtos, não respeitando as políticas e procedimentos institucionalizados;
- Embora sejam solicitadas informações acerca do candidato no momento do recrutamento e selecção, essas informações não são confirmadas posteriormente, mesmo que a pessoa em causa possa ter alterado a sua vida ou estilo de vida, levando-o, potencialmente, a ser um factor de ameaça interna.

O processo de selecção do pessoal com funções de responsabilidade na área da segurança da informação deve ser realizado com todas as precauções. A organização deve conferir os antecedentes criminais e financeiros dos candidatos e questionar o candidato sobre a utilização incorrecta de recursos de informação em funções anteriores.

Estas preocupações com a selecção de pessoal para assumir funções na área da segurança da informação é um dos requisitos impostos pela norma ISO/IEC 17799:2005, a qual estabelece que devem ser examinados os antecedentes de todos os candidatos a empregados, parceiros e trabalhadores temporários, em conformidade com as leis, regulamentos e ética relevantes e proporcional aos requisitos de negócios, à classificação da informação a ser acedida e aos riscos percepcionados.

9.1 Engenharia Social

A engenharia social está relacionada com as situações em que alguém tem
acesso a informação sensível ou obtém privilégios de acesso não
autorizados a sistemas ou instalações através da construção de relações de
confiança inapropriadas com elementos internos da organização. Trata-se,
portanto, da arte de manipular as pessoas, levando-as a falar/agir
contrariamente às regras e procedimentos em vigor na organização. A
engenharia social está mais relacionada com a psicologia e a sociologia do
que com a tecnologia.

Segundo Henry (2007b) e Peltier (2006), existem quatro grandes tipos de
engenharia social:

- *Intimidação:* está relacionado com a ameaça de punição ou de
  ridicularização por seguir as regras estabelecidas, na qual o atacante
  convence a pessoa vítima da engenharia social a quebrar as regras;
- *Prestabilidade:* faz apelo ao instinto natural das pessoas em ser
  prestável ou ajudar outras pessoas. Uma das áreas mais vulnerável a
  este tipo de manipulação é o serviço de assistência a utilizadores,
  dado que é responsável pela resolução de problemas relacionados
  com a (re)inicialização de palavras-chave, acessos remotos e outros
  serviços que explorados por atacantes (externos ou internos)
  podem permitir o acesso indevido aos sistemas da organização;
- *Técnico:* refere-se à utilização das tecnologias para obter
  informação, e.g., envio de correio electrónico para receber uma
  resposta que compromete a segurança;
- *Utilização do nome de terceiros:* está relacionado com a
  utilização de nomes de pessoas com funções relevantes na
  organização para obter informações ou acessos aos sistemas ou
  instalações.

As áreas mais susceptíveis de serem alvo de um ataque de engenharia
social são as áreas onde os empregados: (1) têm acesso a bastante
informação privada ou confidencial; (2) interagem com clientes e o público;
(3) não estão sensibilizados para as ameaças da engenharia social. As
funções mais vulneráveis a este tipo de ataques são as secretárias ou
assistentes da gestão, os colaboradores do centro de assistência a
utilizadores e administradores de bases de dados e de redes de
comunicação.

Dadas as suas características e potenciais resultados, os riscos associados
com a engenharia social são extremamente elevados. O combate a esta
técnica terá que ser efectuado, essencialmente, com formação e acções de
sensibilização, implementação de políticas e procedimentos adequados e a
realização de testes para avaliar a conformidade do comportamento das
pessoas com o estabelecido nas políticas e procedimentos.

Para Vidalis e Kazmi (2007), um método eficaz de combater a vulnerabilidade da engenharia social é a utilização do que designam de "decepção" ou "engano". Este método baseia-se, segundo os autores, em dois processos: <u>simulação</u> (mostrar o falso, desviando as atenções do que é real) e <u>dissimulação</u> (esconder o real, levando à confusão sobre o que é ou não real). Este método pressupõe que se "enganem" os próprios colaboradores, o que, em última instância, pode suscitar questões éticas sobre a utilização do método.

Como resultado do seu estudo de campo empírico para investigar os ataques de engenharia social, Workman (2007) recomenda aos gestores a implementação do seguinte conjunto de medidas:

- Ajudar os empregados a reconhecer e discriminar os alvos apropriados das suas responsabilidades;
- Compartimentar papéis e funções e disponibilizar informação proporcionalmente à função exercida, de modo a que a informação sensível não seja divulgada inadvertidamente;
- Providenciar formação e sensibilização, designadamente em termos de conduta ética e responsabilidade;
- Implementar políticas de segurança que estabeleçam de forma inequívoca as condições em que a informação sensível pode ser divulgada e que definam os processos para reportar os incidentes de segurança.

Daqui resulta que a abordagem mais apropriada para mitigar os riscos e os impactos da engenharia social é aquela que junta os programas de formação, sensibilização e educação com os controlos de segurança compensatórios.

9.2 As Ameaças Internas

A literatura sobre os comportamentos de segurança dos utilizadores apresenta diversas definições para as acções maliciosas levadas a cabo pelos utilizadores, tais como *insider* (elemento interno à própria organização), ameaças *insider*, atacantes *insider*, ataque interno e crime informáticos praticados por empregados. Embora, na sua essência, o significado de cada um destes termos não divirja entre si, importa apresentar cada um deles:

- Um *insider* é um agente de ameaça que está directa ou indirectamente empregado na organização e tem acesso aos sistemas ou a informação sensível que não é divulgada a ele e ao público em geral;
- Atacantes internos são aqueles que "estão capacitados para utilizar um determinado sistema informático com um nível de autorização que lhes foi concedido e ao utilizar esse sistema violam a política de segurança da sua organização;

- Ameaça *insider* refere-se às ameaças com origem nas pessoas a quem foi atribuído acesso aos sistemas de informação e comunicação (SIC) e fazem uma má utilização dos seus privilégios, violando as políticas de segurança da organização, ou ao comportamento intencionalmente nocivo, não ético ou ilegal praticado por indivíduos que possuem acesso interno aos activos de informações da organização;
- Ataque *insider* pode ser definido como uma intencional má utilização dos sistemas informáticos pelos utilizadores que estão autorizados a aceder a esses sistemas e redes;
- Um crime informático praticado pelos actuais empregados de uma organização é um deliberado desvio de privilégios que os indivíduos se propõem utilizar para ganhar vantagens desonestas através da utilização dos sistemas informáticos.

Na sua essência, estes conceitos são unânimes em realçar dois aspectos fundamentais: (1) o agente da acção é um colaborador interno que tem autorização para aceder aos sistemas e (2) o agente utiliza esse privilégio para cometer actos ilegais ou quebrar os controlos de segurança existentes. Como não existe uma diferença substancial entre estes conceitos e para proceder a uma harmonização e simplificação dos mesmos, daqui em diante serão utilizados os termos ameaça interna e ataque interno.

A ameaça de ataques provenientes dos elementos internos à própria organização (empregados actuais e antigos, parceiros e pessoal temporário) é real e bastante significativa. De acordo com o inquérito *Global Information Security* de 2007 (Berinato, 2007), os ataques praticados pelos empregados é muito superior aos ataques dos piratas informáticos (69% contra 41%, respectivamente). Por seu lado, o 2007 *E-Crime Watch Survey* (CSO, 2007) indica que os ataques internos representam cerca de 26% do total dos eventos de segurança, enquanto os ataques externos são cerca de 58%. Ainda de acordo com este inquérito, os crimes electrónicos mais praticados pelos atacantes internos são o acesso não autorizado a informação, sistemas ou redes (relatado por 27% dos inquiridos que sofreram crimes electrónicos), roubo de propriedade intelectual (24%), roubo de outro tipo de informação, incluindo informação financeira e de clientes (23%) e fraude (cartões de crédito, etc.) (19%). Os principais métodos utilizados pelos atacantes internos constam da Tabela 1, com realce para as técnicas de engenharia social e utilização de contas comprometidas.

A actividade maliciosa dos ataques internos incide, fundamentalmente, sobre três tipos de actividades distintas: fraude; roubo de informação; sabotagem. Outras actividades maliciosas perpetradas por atacantes internos incluem espionagem, terrorismo, extorsão, suborno e corrupção. Estas actividades, pela sua natureza, fazem com que os impactos dos ataques internos sejam devastadores, não só em termos financeiros (fraude, roubo de informação, extorsão, etc.), como nos danos provocados nos sistemas e infra-estruturas tecnológicas (sabotagem).

Tabela 1: Métodos utilizados pelos atacantes internos.

Tipo de Método	% de inquiridos que sofreram crimes electrónicos
Engenharia social	45%
Utilização de contas comprometidas	39%
Cópia de informação para dispositivos móveis	36%
Utilização das próprias contas	35%
Utilização de tecnologias sofisticadas (decifrador de palavras-chave e captura de informação da rede)	31%

Fonte: CSO (2007).

O CSI *Survey* 2007 (Richardson, 2008) revela que os crimes electrónicos perpetrados por atacantes internos são responsáveis por cerca de 34% dos danos (em termos de custos ou operações), enquanto os ataques externos representam 37% dos danos.

As ameaças internas têm um impacto potencial mais elevado do que as externas, dado que o protagonista interno já conhece os sistemas que pretende atacar. Adicionalmente, o atacante interno tem conhecimento das políticas, procedimentos e tecnologias utilizadas nas suas organizações, como também conhece perfeitamente as suas vulnerabilidades, o que torna os seus ataques mais devastadores. Para realizar um ataque, o atacante deve ter: (1) capacidade para cometer o ataque; (2) motivo para o fazer; (3) oportunidade para cometer o ataque, reconhecido na literatura como o modelo CMO (capacidade, motivo e oportunidade).

As ameaças internas têm origem, fundamentalmente, em fracos comportamentos de segurança dos utilizadores, pelo que importa conhecer os factores que influenciam os comportamentos de segurança dos utilizadores para proceder à alteração desses comportamentos e alinhá-los com as políticas e procedimentos de segurança estabelecidos pela organização. Segundo Leach (2003), são seis os factores que influenciam o comportamento de segurança dos utilizadores, divididos por dois grupos, conforme apresentado na Figura 28.

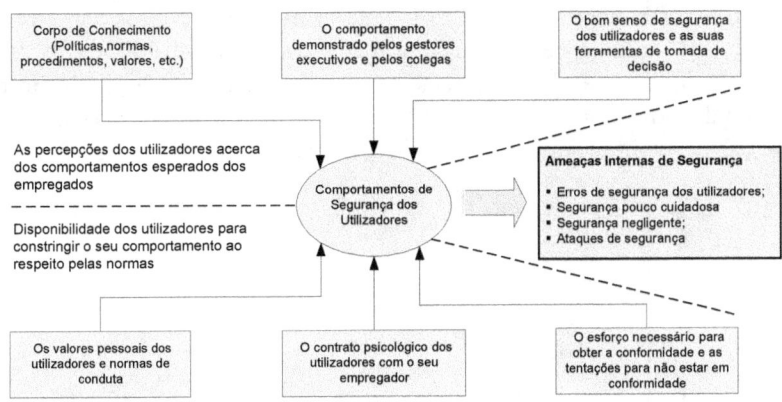

Figura 28: Factores que influenciam o comportamento de segurança dos utilizadores.

Fonte: Leach (2003: p. 686).

1. O primeiro grupo, denominado, "as percepções dos utilizadores acerca dos comportamentos esperados dos empregados", engloba os seguintes factores:
   – O conhecimento existente na organização (composto por políticas, normas, procedimentos, valores, etc.);
   – O comportamento demonstrado pelos gestores executivos e pelos colegas;
   – O bom senso de segurança dos utilizadores e as suas ferramentas de tomada de decisão.
2. O segundo grupo, designado por "disponibilidade dos utilizadores para constringir o seu comportamento ao respeito pelas normas", inclui os seguintes factores:
   – Os valores pessoais dos utilizadores e normas de conduta;
   – O contrato psicológico dos utilizadores com o seu empregador;
   – O esforço necessário para obter a conformidade e as tentações para não estar em conformidade.

Segundo Leach (2003), os três factores chave para melhorar o comportamento de segurança dos utilizadores são o comportamento demonstrado pelos gestores executivos e pelos colegas, o bom senso de segurança dos utilizadores e as suas ferramentas de tomada de decisão e a robustez do contrato psicológico dos utilizadores com o seu empregador. Albrechtsen (2007) reconhece, também, que a qualidade da gestão da segurança afecta, de alguma forma, a sensibilização dos utilizadores, a sua motivação e o seu comportamento, resultado da qualidade do comportamento demonstrado pelos gestores executivos.

Com base no resultado da sua investigação, Stanton, Stam, Mastrangelo, e Jolton (2005) construíram uma taxinomia do comportamento de segurança dos utilizadores finais composta por seis elementos, os quais variam ao longo de duas dimensões: intencionalidade e conhecimento técnico, tal como apresentado na Figura 29 e no Quadro 12, onde as seis categorias de comportamento estão distribuídas pelas duas dimensões.

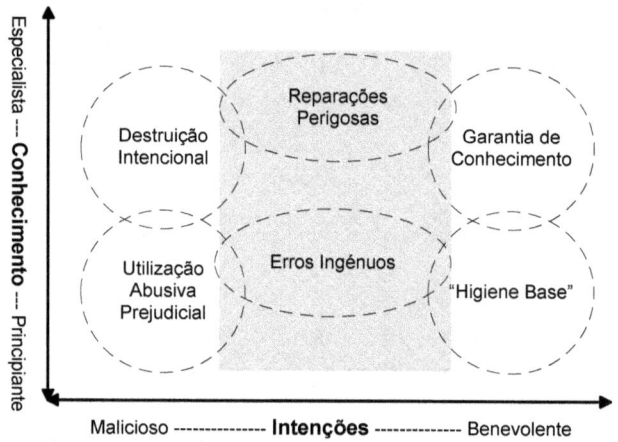

Figura 29: Comportamentos dos utilizadores finais.

Fonte: Stanton et al. (2005, p. 127).

Para Stanton et al. (2005), os mecanismos mais indicados para mover os comportamentos do tipo "erros ingénuos" para a categoria de "higiene base" são a formação e sensibilização, assim como uma utilização mais adequada das regras de criação e alteração de palavras-chave. Ainda segundo estes autores, é importante ter uma visão sistemática do comportamento dos utilizadores finais que facilite uma correcta auditoria e avaliação desse comportamento.

Contudo, Vroom e von Solms (2004) afirmam que é extremamente difícil auditar o comportamento humano, mas reconhecem a necessidade de avaliar o comportamento dos empregados para verificar se as suas atitudes e comportamentos estão em conformidade com as políticas de segurança existentes na organização. Para estes autores, o processo de avaliação do comportamento dos empregados passa pela análise da cultura da organização, percebendo como as pessoas agem individual e colectivamente, i.e., compreender o comportamento organizacional e a forma como os empregados são influenciados. Vroom e von Solms (2004) concluem que não sendo possível auditar o comportamento humano e, consequentemente, alterar esse comportamento para atingir os objectivos

de segurança propostos, a abordagem mais pragmática para alterar a cultura
global da organização consiste em estudar, simultaneamente, a cultura
organizacional e o comportamento das pessoas.

Quadro 12: Os factores de comportamento de segurança.

Conhecimento	Intenção	Categoria	Descrição
Elevado	Maliciosa	Destruição intencional.	O comportamento requer conhecimento técnico associado a uma forte intenção para prejudicar os recursos das TIC da organização.
Baixo	Maliciosa	Utilização abusiva prejudicial.	O comportamento requer conhecimento técnico mínimo mas inclui intenção de fazer mal.
Elevado	Neutra	Reparações perigosas.	O comportamento requer conhecimento técnico mas sem intenção clara de prejudicar os recursos das TIC da organização.
Baixo	Neutra	Erros ingénuos.	O comportamento requer conhecimento técnico mínimo mas sem intenção clara de prejudicar os recursos das TIC da organização
Elevado	Benéfica	Garantia de conhecimento.	O comportamento requer conhecimento técnico associado a uma forte intenção de preservar e proteger os recursos das TIC da organização.
Baixo	Benéfica	Higiene básica.	O comportamento não requer conhecimento técnico mas inclui uma clara intenção de preservar e proteger os recursos das TIC da organização.

Fonte: Stanton et al. (2005, p. 127).

Segundo Egelman, King, Miller, Ragouzis, e Shehan (2007), a
investigação acerca dos comportamentos de segurança dos utilizadores é
extremamente difícil, dado que os utilizadores lidam com a segurança de
forma pouco frequente e irregular. Segundo estes autores, os vários tipos de
investigação realizados têm limitações significativas. Por um lado, porque os
métodos para recolha de dados através da observação do comportamento
dos utilizadores são difíceis de implementar porque os utilizadores
raramente são confrontados com problemas de segurança. Por outro lado,
porque a investigação utilizando entrevistas e inquéritos sofre de limitações,
na medida em que os utilizadores dizem que tomam determinadas acções

de segurança, quando, na realidade, agem de forma completamente oposta.

A utilização de algumas técnicas, como a realização de testes de penetração, podem ajudar a analisar de forma fidedigna o comportamento dos utilizadores perante situações semelhantes a incidentes de segurança reais. Contudo, estas técnicas encerram preocupações éticas, além de poderem constranger os utilizadores e ter um impacto negativo na sua produtividade, pelo que não devem ser utilizadas (Egelman et al., 2007).

Combater os ataques internos, passa não só por mudar os comportamentos e atitudes, conhecendo como são influenciados (Figura 28) e qual o seu resultado (Figura 29), mas também por prever e detectar os ataques internos. Neste sentido, Schultz (2002), propõe um modelo composto por seis variáveis como potenciais indicadores de ataques internos, tal como apresentado no Quadro 13..

Quadro 13: Factores potenciais de ataques internos.

Indicador	Descrição	Acção Defensiva
Marcadores deliberados	Antes de realizarem o ataque final, os atacantes deixam marcas deliberadas, no sentido de passar uma mensagem.	Tentar encontrar, o mais cedo possível, este tipo de marcas.
Erros significativos	Os atacantes cometem erros no processo de preparação dos ataques.	Analisar os erros cometidos pelos atacantes e tentar determinar o seu objectivo.
Comportamento preliminar	Procedimentos utilizados pelo atacante para obter mais informação sobre a potencial vítima.	Analisar os procedimentos efectuados pelo atacante para determinar as suas intenções.
Padrões de utilização correlacionados	Padrões de utilização consistentes em vários sistemas, pode revelar as intenções do potencial atacante.	Analisar os comandos/operações nos diversos sistemas para detectar padrões de utilização correlacionados.
Comportamento verbal	O comportamento verbal (agressão, domínio, etc.) pode indiciar a iminência de um ataque.	Analisar pedidos para obtenção de privilégios de nível elevado ou acesso a sistemas.
Traços de personalidade	A análise de factores de personalidade (e.g., introversão) pode ser utilizada para prever ataques internos.	Analisar os traços de personalidade dos empregados, tendo em consideração os problemas éticos subjacentes).

Fonte: Schultz (2002).

Schultz considera que se for possível quantificar cada um dos indicadores e atribuir-lhes uma determinada ponderação e, de seguida, utilizar uma equação matemática do tipo regressão múltipla, consegue-se obter um valor que representa a probabilidade da ocorrência de um ataque interno.

Os comportamentos desviantes levam os utilizadores a subverterem os controlos de segurança existentes, pelo que Dhillon e Moores (2001) preconizam que a organização deve implementar diversos tipos de controlos para evitar que os empregados pratiquem actos maliciosos e ilegais. Estes actos decorrem de acções racionais e são resultado "de uma combinação de factores pessoais, situações de trabalho e disponibilidade de oportunidades" (Dhillon & Moores, 2001, p. 715). Os controlos que podem ser implementados para minimizar a probabilidade de ocorrência de crimes internos são, segundo Dhillon e Moores, de três tipos:

- *Controlos técnicos:* têm como objectivo restringir o acesso a instalações e aos SI/TIC;
- *Controlos formais:* têm como finalidade o estabelecimento de regras e a assegurar a conformidade com as regulamentações e procedimentos internos;
- *Controlos informais:* estão relacionados essencialmente com a implementação de programas de formação e sensibilização.

Também Cappelli, Moore, Shimeall, e Trzeciak (2006) alegam que, embora os ataques internos possam ser evitados, o que na sua opinião é um problema complexo, o processo adequado para tratar com as ameaças internas passa pela prevenção, consubstanciada numa estratégia defensiva consistente com as políticas, procedimentos e controlos técnicos. A resposta às ameaças internas deve ser encontrada a partir de um correcto balanceamento entre as ferramentas técnicas de defesa preventiva, políticas e práticas organizacionais e formação.

Neste sentido, Cappelli et al. (2006) propõem as seguintes 13 boas práticas para a prevenção e detecção das ameaças internas:

1) Estabelecer avaliações de riscos periódicas;
2) Estabelecer acções periódicas de formação e sensibilização em segurança para todos os empregados;
3) Explicar a segregação de funções e o menor privilégio;
4) Implementar práticas e políticas rigorosas de palavras-chave;
5) Monitorizar e auditar em tempo real as acções dos empregados;
6) Ter cuidados extremos com os administradores de sistemas e utilizadores com muito privilégios;
7) Defender activamente contra código malicioso;
8) Utilizar defesa em vários níveis contra ataques remotos;
9) Monitorizar e responder a comportamentos suspeitos;

10) Desactivar acessos aos sistemas após rescisão de contrato;
11) Recolher e arquivar dados para utilizar em posteriores investigações;
12) Implementar processos de salvaguarda e recuperação da informação;
13) Documentar devidamente os controlos sobre ameaças internas.

Também a norma ISO/IEC 17799:2005 (ISO/IEC, 2005d), na secção oito relativa à segurança dos recursos humanos, estabelece um conjunto de controlos que, correctamente implementados, diminuem a probabilidade de ocorrência de ataques internos, designadamente:

- Controlos sobre a selecção de pessoal;
- Controlos sobre termos e condições de emprego, salientando-se:
  - Assinatura de acordos de confidencialidade, respeito pelas leis de direitos de autor e legislação sobre protecção de dados;
  - Tratamento de informação pessoal.
- Controlos relativos a formação, sensibilização e educação em segurança da informação;
- Controlos relacionados com processos disciplinares para quem cometa uma violação de segurança;
- Controlos referentes à entrega dos activos e remoção de acessos aos SI/TIC momento do término da função ou do emprego.

O CERT do SEI/CMU tem realizado bastante investigação no domínio das ameaças internas, quer associado a outras instituições dos EUA, designadamente os US Secret Service e o National Threat Assessment Center, quer ao nível do seu próprio *CERT Program*. Uma parte dessa investigação tem sido dedicada às actividades maliciosas relativas à sabotagem e espionagem e ao programa MERIT – *Management and Education of the Risk of Insider Threat*.

9.3 O Comportamento Ético dos Utilizadores

A ética estuda os valores morais e os princípios que devem nortear o comportamento humano e deve ser encarada como um processo de dialéctica e compreensão humana e não uma condição estática que foi alcançada, pelo que as acções éticas provêm das decisões dos indivíduos baseadas nas suas convicções pessoais.

Como a tecnologia em si é neutra, a ética nos SI/TIC está preocupada com o impacto social da tecnologia, ou com o conhecimento de como os SI/TIC afectam a escolha humana, a acção humana e o potencial humano".

No contexto dos SI/TIC, o comportamento ético depende, fundamentalmente, do facto dos utilizadores serem recompensados ou punidos pela sua conduta imoral ou acções não éticas.

Os utilizadores deparam-se com diversos dilemas na utilização dos SI/TIC, os quais podem ser agrupados nas sete categorias apresentadas no Quadro 14.

Quadro 14: Categorias de dilemas éticos na utilização dos SI/TIC.

Categoria	Descrição
Divulgação	Obrigação de não divulgar informação confidencial a pessoas estranhas á organização.
Responsabilidade social	Obrigação de ser socialmente responsável pela utilização e disseminação da informação.
Integridade	Obrigação de agir com integridade e honestidade no desempenho das suas funções.
Conflito de interesses	Obrigação de evitar conflitos de interesses e informar as partes envolvidas (clientes ou empregadores) de potenciais conflitos de interesses que possam existir na execução das suas tarefas.
Responsabilidade	Obrigação de tomar as acções apropriadas para actos ilegais ou não éticos de que possa ter conhecimento.
Protecção da privacidade	Obrigação de proteger a privacidade e confidencialidade da informação manuseada por si, no desempenho das suas funções.
Conduta pessoal	Obrigação de não explorar as fraquezas ou vulnerabilidades dos SI/TIC para proveito próprio.

Fonte: Adaptado de Khazanchi (1995).

Estes dilemas derivam, igualmente, das chamadas teorias normativas da ética empresarial: a teoria do accionista; a teoria do interveniente; a teoria do contrato social (Smith & Hasnas, 1999):

- *Teoria do accionista:* os accionistas entregam capital aos gestores, os quais actuam como seus representantes na realização de objectivos específicos;
- *Teoria do interveniente:* os gestores têm um dever fiduciário não apenas para os accionistas da empresa, mas também para as partes intervenientes;
- *Teoria do contrato social:* da qual deriva a responsabilidade social dos gestores em concordar com uma sociedade sem corporações ou outros acordos de negócio complexos.

A interligação entre estas três teorias está presente na Figura 30, enquanto as obrigações éticas associadas a cada uma destas teorias são as que constam do Quadro 15.

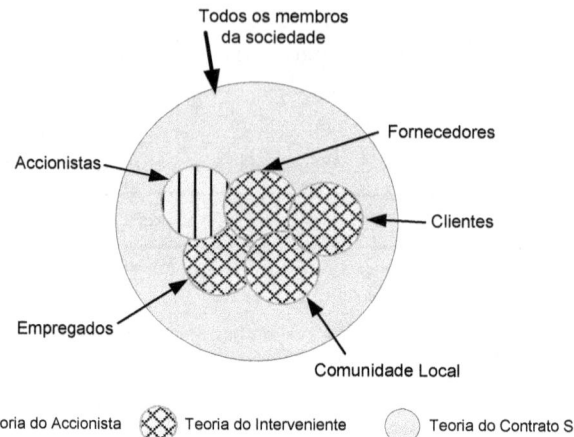

Figura 30: Âmbito de obrigação das teorias normativas da ética empresarial.

Fonte: Smith e Hasnas (1999, p. 113).

A resolução dos dilemas enfrentados pelos utilizadores dos SI/TIC deve ter em consideração as obrigações éticas associadas a cada uma das três teorias, diferenciando e seleccionando as opções que não violem os direitos dos elementos de cada grupo. Dado que estas teorias estão vocacionadas para providenciar orientações éticas para indivíduos que trabalham em organizações com fins lucrativos num ambiente de mercado (Smith & Hasnas, 1999), a aplicação destas teorias à realidade das organizações sem fins lucrativos deve ser objecto de adaptações a essa realidade.

Quadro 15: Obrigações éticas.

	Teoria do Accionista	Teoria do Interveniente	Teoria do Contrato Social
Obrigação Ética	• Conformidade com as leis e regulamentos. • Evitar fraudes e enganos. • Maximizar lucros.	• Determinar quem são os intervenientes principais. • Determinar os direitos de cada um e rejeitar opções que violem esses direitos. • Aceitar as restantes opções que melhor equilibrem os interesses dos intervenientes.	• Rejeitar acções que são fraudulentas, desumanize empregados ou envolvam a discriminação de indivíduos. • Eliminar as opções que reduzem o bem-estar dos membros da sociedade. • Escolher as opções remanescentes que maximizem a probabilidade de sucesso financeiro.

Fonte: Smith e Hasnas (1999, p. 114).

Smith (2002) considera que, só por si, estas três teorias não são suficientes para resolver os dilemas enfrentados pelos utilizadores dos SI/TIC, pelo que é necessário incluir um conjunto de regras distribuídas em três níveis: ao nível da empresa; ao nível da indústria/profissão; ao nível das leis. Smith propõe que a definição das normas de conduta para moldar o comportamento dos utilizadores de SI/TIC seja efectuada através da integração entre as três teorias e o conjunto de regras existentes nos níveis empresarial, industrial/profissional e legislativo.

Tendo em consideração os impactos potenciais dos comportamentos não éticos, as organizações criaram os seus próprios códigos de condutas como forma de controlarem e condicionarem os comportamentos dos seus colaboradores. Não existe um código único sobre ética nos SI/TIC, cada organização tem as suas próprias regras de conduta, dado que a lei (nacional ou internacional) não exige que os profissionais dos SI/TIC tenham uma certificação para desempenharem as suas funções.

O código de ética mais representativo é o da Association for Computing Machinery (ACM), englobando 24 deveres de responsabilidade pessoal para orientar os profissionais da área dos SI/TIC, distribuídas por quatro grupos de imperativos: imperativos morais globais; imperativos profissionais específicos; imperativos de liderança organizacional; imperativos de conformidade com o código (ACM, 1992).

Como forma de ultrapassar as potenciais vicissitudes da inexistência de um código, Oz (1992) propõe a criação de um único código de ética, baseado nos seguintes princípios:

- O código deve ser organizado através de grupos aos quais o profissional deve obrigações: público; empregador; clientes; profissão; colegas;
- As obrigações com os diferentes grupos devem ser uma união de todas as obrigações contempladas nos códigos já existentes;
- O código é universal, pelo que não está sujeito a obrigações de qualquer país. Os colegas, e.g., significa todos os colegas de profissão, independentemente da sua nacionalidade;
- As obrigações para com as organizações profissionais devem ser idênticas às obrigações para com a profissão;
- O código deve providenciar orientações gerais para com as prioridades das obrigações dentro dos grupos definidos;
- O código deve detalhar os procedimentos para efeitos de comunicação e para tratamento de queixas contra a violação do código e as medidas a tomar contra os violadores das regras.

Todavia, Conger e Loch (2001) afirmam que a criação de um único código de ética é uma ideia pouco sensata, na medida em que um código de ética profissional, por muito bom que seja, não pode incluir as preocupações de todos os indivíduos, negócios, países ou sociedades. Por outro lado, Conger e Loch argumentam que a importância do contexto, definido no âmbito da Teoria Integrada dos Contratos Sociais, invalida o propósito de tratar todos os comportamentos éticos através de códigos de ética genéricos. Segundo Conger e Loch (2001), esta teoria preconiza que todos somos cidadãos de vários grupos, como representado na Figura 31: a sociedade global; o país; a empresa; a organização profissional; o indivíduo.

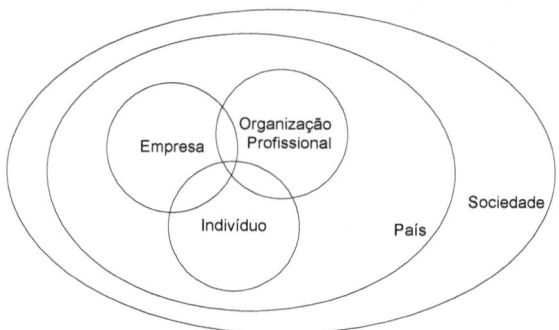

Figura 31: Ambientes de comportamento.

Fonte: Conger e Loch (2001, p. 61).

Em cada um destes ambientes, cada indivíduo representa um papel e conhece as regras que tem que respeitar e os comportamentos que esperam dele.

A aplicação desta Teoria Integrada dos Contratos Sociais aos códigos de ética genéricos, pode contribuir para a definição de um conjunto de orientações para o comportamento ético-profissional.

A eficácia dos códigos de ética para impedir os crimes informáticos é bastante controversa, embora Harrington (1996) reconheça que os códigos de ética têm algum efeito sobre as actividades maliciosas praticadas sobre os SI/TIC, designadamente os actos de sabotagem.

Todavia, segundo Harrington (1996), alguns custos sociais e pessoais como a consciência, vergonha, perda de respeito e angústia são mais penalizantes para aqueles que cometem actos criminosos, do que as penalizações sofridas pela violação dos códigos de ética. Para Harrington, o efeito dos códigos de ética é esporádico e fraco em comparação com aquelas características psicológicas, mas têm algum efeito nos indivíduos com uma alta negação da responsabilidade. Reconhecendo que os códigos de ética têm algum impacto no comportamento dos utilizadores, Harrington, conclui que para controlar esses comportamentos, a gestão tem que implementar outros controlos de segurança com incidência nos aspectos da responsabilidade, tais como a descrição clara das funções, práticas cuidadosas de contratação e colocação dos empregados, segregação de responsabilidades, rotação de funções, etc. Independentemente da elevada ou fraca eficácia dos códigos de ética, é um facto assente que os responsáveis pela segurança devem encorajar a utilização ética dos SI/TIC no interior das organizações, devendo, para o efeito, desenvolver um conjunto de acções, as quais devem compreender:

- O desenvolvimento de um código de ética dos SI/TIC para a organização;
- A inclusão de informação sobre ética dos SI/TIC nos manuais dos empregados;
- A promoção e participação em acções de formação e sensibilização sobre ética nos SI/TIC.

10 CONCLUSÃO

A informação é um dos activos fundamentais das organizações. A protecção da informação assume-se como um desafio primordial para assegurar a sua competitividade numa economia globalizada e bastante competitiva.

A segurança da informação está a atingir uma situação bastante crítica, de tal modo que faz dela um dos maiores problemas que as empresas enfrentam actualmente, devido a uma alarmante vulnerabilidade que cresce de mão dada com o aumento geométrico dos dados gerados e o modo como os utilizadores tratam esses dados.

As organizações possuem diversos activos de informação que devem ser protegidos de ameaças de variados tipos, através de estratégias e políticas de segurança da informação, implementadas com base em modelos e métricas bem definidas. A segurança da informação consiste, portanto, na protecção da informação de uma vasta gama de ameaças de forma a assegurar a continuidade do negócio, minimizar os riscos do negócio e maximizar os retornos dos investimentos e as oportunidades de negócio.

Neste sentido, a gestão do risco é uma pedra basilar na da gestão estratégica de cada organização. O sucesso da definição e implementação de uma política global de gestão de risco assenta, fundamentalmente, na capacidade de identificar e proteger os activos de informação críticos com base na missão e nos objectivos do negócio.

Os benefícios de uma boa segurança da informação não se restringem apenas a uma redução do risco ou uma redução no impacto se ocorrer um evento de risco. Complementarmente, uma boa segurança da informação melhora a reputação da organização, constrói e melhora a relação de confiança com os parceiros do negócio, assim como pode aumentar a eficiência na medida em que evita a perda de tempo e esforço com a recuperação de incidentes de segurança.

Para além da dependência dos objectivos estratégicos das organizações e dos recursos ao seu dispor, a estratégia da segurança da informação depende das restrições que os requisitos legais e regulamentares impõem às organizações, na medida em que as condicionam na utilização da informação e dos seus SI/TIC. Este tipo de requisitos, como, por exemplo, as leis sobre protecção de dados, privacidade, segredo bancário ou leis sobre a limitação do uso de mecanismos criptográficos, podem ter um impacto significativo na estratégia da segurança da informação

Resumindo, a gestão do risco deve ser um processo contínuo e em desenvolvimento permanente que vai desde a definição da estratégia da organização até à sua implementação. Para ser bem-sucedida, qualquer gestão do risco deve obedecer a um conjunto de princípios básicos, designadamente:

- Deve abordar metodicamente todos os riscos que cingem as actividades da organização;
- Deve ser integrada na cultura da organização com uma política eficaz e um programa de gestão adequado;
- Deve traduzir a estratégia de segurança da informação em objectivos tácticos e operacionais, atribuindo responsabilidades em toda a organização, sendo parte integrante da descrição de funções de cada gestor e colaborador intervenientes na política global da gestão do risco;
- Deve apoiar a responsabilização, medição de desempenho e recompensa, resultando na melhoria da eficiência operacional em todos os níveis.

BIBLIOGRAFIA

Association for Computing Machinery. (1992). *ACM Code of Ethics and Professional Conduct*. Recuperado em 20 de Maio, 2008, em www.acm.org/about/code-of-ethics.

AlAboodi, S. S. (2006). A New Approach for Assessing the Maturity of Information Security. *Information Systems Control Journal, 3*. Recuperado em 20 de Julho, 2008, em http://www.isaca.org/Template.cfm?Section=Home&Template=/C ontentManagement/ContentDisplay.cfm&ContentID=33735.

Alberts, C. J. (2006). *Common Elements of Risk (Technical Note: CMU/SEI-2006-TN-014)*. Pittsburgh, PA: Carnegie Mellon University, Software Engineering Institute, Acquisition Support Program. Recuperado em 11 de Maio, 2007, em www.sei.cmu.edu/pub/documents/06.reports/pdf/06tn014.pdf.

Alberts, C. J., Dorofee, A. J., & Allen, J. H. (2001). *OCTAVE Catalog of Practices, Version 2.0 (Technical Report CMU/SEI-2001-TR-020; ESC-TR-2001-020)*. Pittsburgh, PA: Carnegie Mellon University, Software Engineering Institute, Networked Systems Survivability Program. Recuperado em 3 de Fevereiro, 2005, em www.cert.org/archive/pdf/01tr020.pdf.

Albrechtsen, E. (2007). A Qualitative Study of Users' View on Information Security. *Computers & Security, 26*(4), 276-289.

Albrechtsen, E., & Hovden, J. (2009). The Information Security Digital Divide Between Information SecurityManagers and Users. *Computers & Security*, 1-15.

Alter, S., & Sherer, S. A. (2004). A General, But Readily Adaptable Model of Information System Risk. *Communications of AIS, 2004*(14), 1-28.

Anderson, J. M. (2003). Why We Need a New Definition of Information Security. *Computers & Security, 22*(4), 308-313.

Anderson, A., Longley, D., & Kwok, L. F. (1994). *Security Modelling for Organisations*. Paper presented at the 2nd ACM Conference on Computer and Communications Security, Fairfax, Virginia, USA.

ASIS International. (2003). *The General Security Risk Assessment Guideline*. Recuperado em 20 de Outubro, 2008, em http://www.asisonline.org/guidelines/guidelinesgsra.pdf

Bandyopadhyay, K., & Mykytyn, P. P. (1999). A Framework for Integrated Risk Management in Information Technology. *Management Decision, 37*(5/6), 437-444.

Berinato, S. (2007). *The Global State of Information Security 2007*. Recuperado em 21 de Maio, 2008, em www.pwc.com/extweb/pwcpublications.nsf/docid/114E0DE67DE 6965385257341005AED7B/$FILE/PwC_GISS2007.pdf.

Birch, D. G., & McEvoy, N. A. (1992). Risk Analysis for Information Systems. *Journal of Information Technology (Routledge, Ltd.), 7*(1), 44-53.

Blakley, B., McDermott, E., & Geer, D. (2001). *Information Security is Information Risk Management*. Paper presented at the Proceedings of the 2001 Workshop on New Security Paradigms, Cloudcroft, New Mexico.

Bowen, P., Hash, J., & Wilson, M. (2006). *Information Security Handbook: A Guide for Managers (NIST Special Publication 800-100)*. U.S. Department of Commerce: National Institute of Standards and Technology. Recuperado em 13 de Junho, 2007, em http://csrc.nist.gov/publications/nistpubs/800-100/SP800-100-Mar07-2007.pdf.

Cappelli, D. M., Moore, A. P., Shimeall, T. J., & Trzeciak, R. F. (2006). *Common Sense Guide to Prevention and Detection of Insider Threats (Version 2.1 - 2nd Edition)*. Carnegie Mellon University, CyLab. Recuperado em 17 de Maio, 2008, em www.cert.org/archive/pdf/CommonSenseInsiderThreatsV2.1-1-070118.pdf.

Casaca, J. A. (2011). *Gestão do risco em projectos de sistemas de informação e comunicação*. Lisboa: J. Casaca.

Chew, E., Clay, A., Hash, J., Bartol, N., & Brown, A. (2006). *Guide for Developing Performance Metrics for Information Security (Special Publication*

800-80, Initial Public Draft). U.S. Department of Commerce: National
Institute of Standards and Technology. Recuperado em 13 de Junho,
2007, em http://csrc.nist.gov/publications/drafts/draft-sp800-80-
ipd.pdf.

Chew, E., Swanson, M., Stine, K., Bartol, N., Brown, A., & Robinson, W.
(2008). *Performance Measurement Guide for Information Security (NIST
Special Publication 800-55 Revision 1)*. U.S. Department of Commerce:
National Institute of Standards and Technology. Recuperado em 25
de Novembro, 2008, em
http://csrc.nist.gov/publications/nistpubs/800-55-Rev1/SP800-55-
rev1.pdf.

Círculo de Leitores. (1985). *Moderno Dicionário da Língua Portuguesa* (Vol. 2):
Author.

Comissão das Comunidades Europeias. (2001). Comunicação COM(2000)
890 final de 26 de Janeiro.

Commission of the European Communities. (1991). *Information Technology
Security Evaluation Criteria (ITSEC), Version 1.2 (Document COM(90)
314)*. Recuperado em 25 de Novembro, 2008, em
http://www.ssi.gouv.fr/site_documents/ITSEC/ITSEC-uk.pdf.

Committee of Sponsoring Organizations of the Treadway Commission.
(2007). *Enterprise Risk Management Framework*. Recuperado em 27 de
Maio, 2008, em
www.erm.coso.org/Coso/coserm.nsf/vwWebResources/PDF_Man
uscript/$file/COSO_Manuscript.pdf.

Common Criteria (2006). *Common Criteria for Information Technology Security
Evaluation - Part 1: Introduction and General Model, Version 3.1, CCMB-
2006-09-001*. Retrieved 25-11-2008, 2008, from
http://www.commoncriteriaportal.org/files/ccfiles/CCPART1V3.1
R1.pdf.

Common Criteria (2007). *Common Criteria for Information Technology Security
Evaluation - Part 2: Security Functional Components, Version 3.1, CCMB-
2007-09-002*. Retrieved 25-11-2008, 2008, from
http://www.commoncriteriaportal.org/files/ccfiles/CCPART2V3.1
R2.pdf.

Common Criteria (2007). *Common Criteria for Information Technology Security
Evaluation - Part 3: Security Assurance Components, Version 3.1, CCMB-
2007-09-003*. Retrieved 25-11-2008, 2008, from
http://www.commoncriteriaportal.org/files/ccfiles/CCPART3V3.1
R2.pdf.

Conger, S., & Loch, K. D. (2001). Invitation to a Public Debate on Ethical Computer Use. *ACM SIGMIS Database, 32*(1), 58-69.

CSO. (2007). *2007 E☐ -Crime Watch Survey.* Recuperado em 1 de Janeiro, 2009, em www.cert.org/archive/pdf/ecrimesummary07.pdf.

Department of Defense. (1985). *Trusted Computer System Evaluation Criteria (DoD 5200.28-STD).* Recuperado em 25 de Novembro, 2008, em http://csrc.nist.gov/publications/history/dod85.pdf.

Dhillon, G., & Moores, S. (2001). Computer Crimes: Theorizing About the Enemy Within. *Computers & Security, 20*(8), 715-723.

Drew, S. (2005). Reducing Enterprise Risk with Effective Threat Management. *Information Systems Security, 13*(6), 37-42.

Dutta, A., & McCrohan, K. (2002). Management's Role in Information Security in a Cyber Economy. *California Management Review, 45*(1), 67-87.

Egelman, S., King, J., Miller, R. C., Ragouzis, N., & Shehan, E. (2007). *Security User Studies: Methodologies and Best Practices.* Paper presented at the Conference on Human Factors in Computing Systems: CHI '07 extended abstracts on Human factors in computing systems, San Jose, California, USA.

Ernst & Young (2007). *10th Annual Global Information Security Survey.* Recuperado em 21 de Maio, 2008, em www.ey.com/Global/assets.nsf/International/EY_TSRS_GISS2007 /$file/EY_TSRS_GISS2007.pdf.

Fariborz, F., & Shamkabt, B. N. (2005). A Management Perspective on Risk of Security Threats to Information Systems. *Information Technology and Management*(6), 203-225.

Finne, T. (2000). Information Systems Risk Management: Key Concepts and Business Processes. *Computers & Security, 19*(3), 234-242.

General Accounting Office. (2004). *Information Technology Investment Management - A Framework for Assessing and Improving Process Maturity (GAO-04-394G).* Recuperado em 26 de Novembro, 2008, em http://www.gao.gov/new.items/d04394g.pdf.

Gordon, L. A., & Loeb, M. P. (2001). Using Information Security as a Response to Competitor Analysis Systems. *Communications of the ACM, 44*(9), 70-75.

Halvorson, N. (2008). Information Risk Management: A Process Approach to Risk Diagnosis and Treatment. In H. F. Tipton & M. Krause

(Eds.), *Information Security Handbook* (6ª ed., Vol. 2, pp. 71-81). Boca
Raton: Auerbach Publications.

Harrington, S. J. (1996). The Effect of Codes of Ethics and Personal Denial
of Responsibility on Computer Abuse Judgments and Intentions.
MIS Quarterly, 20(3), 257-278.

Heemstra, F. J., & Kusters, R. J. (1996). Dealing With Risk: a Practical
Approach. *Journal of Information Technology (Routledge, Ltd.), 11*(4), 333-
346.

Henry, K. (2007a). Risk Management and Analysis. In H. F. Tipton & M.
Krause (Eds.), *Information Security Handbook* (6ª ed., Vol. 1, pp. 321-9).
Boca Raton: Auerbach Publications.

Henry, K. (2007b). The Human Side of Information Security. In H. F.
Tipton & M. Krause (Eds.), *Information Security Handbook* (6ª ed., Vol.
1, pp. 139-54). Boca Raton: Auerbach Publications.

Herndon, M. A., Moore, R., Phillips, M., Walker, J., & West, L. (2003).
*Interpreting Capability Maturity Model Integration (CMMI) for Service
Organizations – a Systems Engineering and Integration Services Example
(CMU/SEI-2003-TN-005)*. Pittsburgh, PA: Carnegie Mellon
University, Software Engineering Institute, Software Engineering
Process Management. Recuperado em 30 de Outubro, 2008, em
http://www.sei.cmu.edu/pub/documents/03.reports/pdf/03tn005.
pdf.

Herrmann, F., & Khadraoui, D. (2007). Security Risk Management
Methodologies. In F. Herrmann & D. Khadraoui (Eds.), *Advances in
Enterprise Information Technology Security* (pp. 261-73). Hershey, New
York: Information Science Reference.

Information Security Forum. (2007). *The Standard of Good Practice for
Information Security*. Recuperado em 27 de Maio, 2008, em
https://www.isfsecuritystandard.com/SOGP07/index.htm.

Information Systems Audit and Control Association (2007). *CISM Review
Manual 2008*. Rolling Meadows: Author.

Information Systems Security Association. (2003). *Generally Accepted
Information Security Principles (GAISP)*. Recuperado em 3 de Julho,
2008, em http://all.net/books/standards/GAISP-v30.pdf.

International Organization for Standardization/ International
Electrotechnical Commission. (2005). *ISO/IEC 17799:2005
Information Technology - Security Techniques - Code of Practice for Information
Security Management* (2ª ed.): British Standards.

IT Governance Institute (2007a). *CobiT* 4.1. Rolling Meadows: Author.

IT Governance Institute (2007b). *COBIT Security Baseline: An Information Security Survival Kit* (2ª ed.). Rolling Meadows: Author.

Jackson, C. B., & Carey, M. (2007). The Role of Information Security in the Enterprise Risk Management Structure. In H. F. Tipton & M. Krause (Eds.), *Information Security Handbook* (6ª ed., Vol. 1, pp. 281-93). Boca Raton: Auerbach Publications.

Karabacak, B., & Sogukpinar, I. (2005). ISRAM: Information Security Risk Analysis Method. *Computers & Security, 24*(2), 147-159.

Kasunic, M., McCurley, J., & Zubrow, D. (2008). *Can You Trust Your Data? Establishing the Need for a Measurement and Analysis Infrastructure Diagnostic (Technical Note CMU/SEI-2008-TN-028)* (1): Carnegie Mellon University, Software Engineering Institute, Software Engineering Process Management Program. Recuperado em 10 de Dezembro, 2008, em http://www.sei.cmu.edu/pub/documents/08.reports/08tn028.pdf.

Khazanchi, D. (1995). Unethical Behavior in Information Systems: The Gender Factor. *Journal of Business Ethics, 14*(9), 741-749.

Laliberte, S. (2004). Risk Assessment for IT Security. *Bank Accounting & Finance (08943958), 17*(5), 38-42.

Landoll, D. J. (2006). *The Security Risks Assessment Handbook: A Complete Guide for Performing Risk Assessments.* Boca Raton: Auerbach Publications.

Leach, J. (2003). Improving User Security Behaviour. *Computers & Security, 22*(8), 685-692.

Lemieux, V. L. (2004). Two Approaches to Managing Information Risks. *Information Management Journal, 38*(5), 56-62.

Loch, K. D., Carr, H. H., & Warkentin, M. E. (1992). Threats to Information Systems: Today's Reality, Yesterday's Understanding. *MIS Quarterly, 16*(2), 173-186.

National Institute of Standards and Technology. (1996). *An Introduction to Computer Security: The NIST Handbook (NIST Special Publication 800-12).* Author. Recuperado em 13 de Junho, 2007, em http://csrc.nist.gov/publications/nistpubs/800-12/handbook.pdf.

Neal, R. (2006). Social Psychological Variables That Contribute to Resistance to Security Assessment Findings. *Information Systems Security, 15*(1), 43-52.

Nelson, M. (2007). Software Engineering Institute Capability Maturity
Model. In H. F. Tipton & M. Krause (Eds.), *Information Security
Handbook* (6ª ed., Vol. 1, pp. 2475-89). Boca Raton: Auerbach
Publications.

Noor, I., Dillon, R. B., & Williams, R. (2001). Enterprise IT Risk
Management: A Case Study. *AACE International Transactions*, 6.1-6.8.

Nyanchama, M. (2005). Enterprise Vulnerability Management and Its Role
in Information Security Management. *Information Systems Security*,
14(3), 29-56.

Payne, S. C. (2006). *A Guide to Security Metrics*. Recuperado em 24 de
Novembro, 2008, em
http://www.sans.org/reading_room/whitepapers/auditing/55.php.

Peltier, T. R. (2004b). Risk Analysis and Risk Management. *Information
Systems Security*, *13*(4), 44-56.

Peltier, T. R. (2006). Social Engineering: Concepts and Solutions. *Information
Systems Security*, *15*(5), 13-21.

Poore, R. S. (2000). Valuing Information Assets for Security Risk
Management. *Information Systems Security*, *9*(4), 17-23.

Powell, P. L., & Klein, J. H. (1996). Risk Management for Information
Systems Development. *Journal of Information Technology (Routledge, Ltd.)*,
11(4), 309-409.

Richardson, R. (2008). *2007 CSI Computer Crime and Security Survey*.
Recuperado em 20 de Maio, 2008, em
http://i.cmpnet.com/v2.gocsi.com/pdf/CSISurvey2007.pdf.

Ross, R., Johnson, A., Katzke, S., Toth, P., & Rogers, G. (2005). *Guide for
Assessing the Security Controls in Federal Information Systems (NIST Special
Publication 800-53A)*. U.S. Department of Commerce: National
Institute of Standards and Technology. Recuperado em 4 de
Novembro, 2008, em http://all.net/books/standards/NIST-
CSRC/csrc.nist.gov/publications/drafts/sp800-53A-ipd.pdf.

Ross, R., Katzke, S., Johnson, A., Swanson, M., & Stoneburner, G. (2008).
*Managing Risk from Information Systems: An Organizational Perspective
(NIST Special Publication 800-39)*. U.S. Department of Commerce:
National Institute of Standards and Technology. Recuperado em 18
de Maio, 2008, em http://csrc.nist.gov/publications/drafts/800-
39/SP800-39-spd-sz.pdf.

Schultz, E. E. (2002). A Framework for Understanding and Predicting

Insider Attacks. *Computers & Security, 21*(6), 526-531.

Schultz, E. E. (2005). The Human Factor in Security. *Computers & Security, 24*(6), 425-426.

Sherer, S. A., & Alter, S. (2004). Information System Risks and Risk Factors: Are They Mostly About Information Systems? *Communications of the Association for Information Systems, 2004*(14), 29-64.

Smith, H. J. (2002). Ethics and Information Systems: Resolving the Quandaries. *ACM SIGMIS Database, 33*(3), 8-22.

Smith, H. J., & Hasnas, J. (1999). Ethics and Information Systems: The Corporate Domain. *MIS Quarterly, 23*(1), 109-127.

Standards Australia/Standards New Zealand. (2004). *Risk Management - AS/NZS 4360:2004.* Recuperado em 16 de Junho, 2008, em http://www.cqurire.com/htm/paper/risk/Aust_Standards_4360-2004.pdf.

Stanton, J. M., Stam, K. R., Mastrangelo, P., & Jolton, J. (2005). Analysis of End User Security Behaviors. *Computers & Security, 24*(2), 124-133.

Stephenson, P. (2004). Forensic Analysis of Risks in Enterprise Systems. *Information Systems Security, 13*(4), 11-21.

Stoneburner, G., Goguen, A., & Feringa, A. (2002). *Risk Management Guide for Information Technology Systems (Special Publication 800-30).* Department of Commerce: National Institute of Standards and Technology. Recuperado em 13 de Junho, 2007, em http://csrc.nist.gov/publications/nistpubs/800-30/sp800-30.pdf.

Straub, D. W. (1990). Effective IS Security: An Empirical Study. *Information Systems Research, 1*(3), 255-276.

Straub, D. W., & Welke, R. J. (1998). Coping With Systems Risk: Security Planning Models for Management Decision Making. *MIS Quarterly, 22*(4), 441-469.

Swanson, M., Bartol, N., Sabato, J., Hash, J., & Graffo, L. (2003). *Security Metrics Guide for Information Technology Systems (Special Publication 800-55).* U.S. Department of Commerce: National Institute of Standards and Technology. Recuperado em 15 de Maio, 2007, em http://csrc.nist.gov/publications/nistpubs/800-55/sp800-55.pdf.

Vidalis, S., & Kazmi, Z. (2007). Security Through Deception. *Information Systems Security, 16*(1), 34-41.

Vraalsen, F., Mahler, T., Lund, M. S., Hogganvik, I., den Braber, F., & Stolen, K. (2007). Assessing Enterprise Risk Level: The CORAS

Approach. In D. Khadraoui & F. Herrmann (Eds.), *Advances in Enterprise Information Technology Security* (pp. 311-33). Hershey, New York: Information Science Reference.

Vroom, C., & von Solms, R. (2004). Towards Information Security Behavioural Compliance. *Computers & Security, 23*(3), 191-198.

Wang, A. J. A. (2005). *Information Security Models and Metrics.* Paper presented at the ACM Southeast Regional Conference, Kennesaw, Georgia.

Whitman, M. E. (2003). Enemy at the Gate: Threats to Information Security. *Communications of the ACM, 46*(8), 91-95.

Workman, M. (2007). Gaining Access with Social Engineering: An Empirical Study of the Threat. *Information Systems Security, 16*(6), 315-331.

Yazar, Z. (2002). *A Qualitative Risk Analysis and Management Tool – CRAMM.* Recuperado em 20 de Outubro, 2008, em http://www.sans.org/reading_room/whitepapers/auditing/83.php.

GLOSSÁRIO

Activo .... Quaisquer dados, dispositivo ou outro componente do ambiente que suporta as actividades relacionadas com a informação, os quais podem ser, de forma ilícita, acedidos, usados, divulgados, alterados, destruídos e/ou roubados, resultando em perda para a organização.

Agente de ameaça .... Qualquer agente (e.g., objecto, substância, humano, etc.) que é capaz de agir contra um activo de tal modo que pode resultar em danos.

Ameaça .... Indicação de um dano iminente.

Análise de Ameaças ...... Análise das fontes de ameaça contra as vulnerabilidades dos SI/TIC para determinar as ameaças de um determinado SI/TIC num determinado ambiente operacional.

Ataque .... Tentar obter acesso não autorizado a serviços, recursos ou informação de um SI/TIC ou a tentativa de comprometer a integridade, disponibilidade ou confidencialidade de um SI/TIC.

Avaliação de Risco .... Processo de identificação dos riscos para a segurança dos SI/TIC e determinar a probabilidade de ocorrência, o impacto resultante e as garantias adicionais que possam mitigar esse impacto.

Capacidade de Ameaça O nível provável de força que um agente de ameaça é capaz de aplicar contra um activo.

CobiT .... Compêndio de directrizes que ajuda a compreender e a gerir os riscos e os benefícios associados aos SI/TIC.

Confidencialidade .... Característica da manutenção do segredo de determinada informação.

Conformidade .... Cumprimento de um requisito.

Controlo .... Mecanismo operacionalizado visando garantir o cumprimento de um requisito para proteger os activos de informação de uma ameaça.

Disponibilidade .... Acessibilidade a um determinado elemento (informação, sistemas, instalações, etc.).

Engenharia Social .... Uso de truques psicológicos nos utilizadores legítimos dos SI/TIC para obter informações (nomes de utilizador e palavras-chave), necessárias para ter acesso a um SI/TIC.

Ética .... Reflexão filosófica sobre a moral. Os objectos da ética são as questões fundamentais relativamente à conduta do ser humano.

Evento de Ameaça .... Ocorre quando um agente de ameaça age contra um activo.

Evento de Perda .... Um evento de perda ocorre quando a acção de um agente de ameaça (evento de ameaça) é bem-sucedido afectando negativamente um activo.

Evento de Segurança ... Evento que compromete a confidencialidade, integridade e disponibilidade de um SI/TIC.

Força do Controlo .... A força do controlo quando comparada com uma medida padrão de força.

Fraude .... Esquema criado com o objectivo deliberado de enganar outros com o propósito de prejudicá-los, com o intuito de obter de forma injusta a propriedade ou serviços de terceiros.

Frequência de Evento de Ameaça A frequência provável, dentro de um determinado período de tempo, que um agente de ameaça actuará contra um activo.

Frequência de Evento de Perda A frequência provável, dentro de um determinado período de tempo, que um agente de ameaça vai infligir danos sobre um activo.

Gestão de Risco............ Processo total de identificar, controlar e mitigar os riscos associados aos SI/TIC.

Hardware........................ Elementos físicos de um computador, incluindo a unidade central de processamento e os periféricos (monitor, teclado e impressora).

Impacto......................... Resultado da concretização de uma ameaça que explora com sucesso uma vulnerabilidade existente.

Integridade.................... Característica da informação que não sofreu modificação.

ISO/IEC 17799............ Tecnologias de Informação: Código de Prática para a gestão da Segurança da Informação. Apresenta as melhores práticas a serem utilizadas na gestão de segurança de informação.

ISO/IEC 27001............ Consiste na especificação e implementação de um Sistema de Gestão de Segurança de Informação. Possibilita a obtenção de Certificação.

Magnitude de perda provável A magnitude provável de perda resultante de um evento de perda.

Método..........................Procedimento ou regra utilizado na realização de uma tarefa ou no cumprimento de um objectivo.

Metodologia ....Um sistema de métodos e regras que são aplicados para trabalhar num determinado assunto.

Métrica .... Forma de valorização da concretização de um conceito que se assemelha a medida se a esta for atribuída um sentido metodológico e de processo.

Probabilidade .... Número médio expectável de vezes que uma determinada ameaça se possa concretizar num determinado período.

Risco............................. Exposição a uma determinada ameaça.

Software........................ Conjunto de meios não materiais que servem para o tratamento automático da informação e permite a interacção entre o utilizador e o computador.

Segurança da Informação   Proteger a informação e os SI/TIC contra acesso não autorizado, utilização, divulgação, interrupção, modificação ou destruição.

Utilizador Final............. Agente externo ao sistema de informação que usufrui da tecnologia para realizar determinado trabalho.

Vulnerabilidade............. Característica que potencia o impacto da concretização de determinada ameaça.

APÊNDICES

APÊNDICES

APÊNDICE A:
NORMAS E REGULAMENTOS DE CONTROLOS DE SEGURANÇA

Tal como referido no capítulo 5, após a identificação dos requisitos de segurança, dos riscos e das decisões acerca do tratamento dos riscos, torna-se necessário seleccionar e implementar os controlos adequados para assegurar que os riscos são reduzidos para um nível aceitável pela gestão. Existem diversas normas e regulamentos sobre controlos de segurança que podem servir de base de referência para a selecção dos controlos que satisfaçam as necessidades da organização, tendo presente que esses controlos devem ser entendidos como princípios orientadores para a gestão da segurança da informação.

Segue-se uma descrição sumária de cada uma das normas:

a) *The Standard of Good Practice for Information Security*

Esta norma, publicada pela primeira vez em 1996 pelo *Information Security Forum* (ISF) é actualizada e melhorada em cada dois anos de forma a refinar as áreas de melhores práticas da segurança da informação, reflectir o pensamento recente sobre segurança da informação e estar alinhada com outras normas relacionadas com a segurança da informação, tais como a ISO 27001 e CobiT (ISF, 2007).

O "The Standard of Good Practice" trata a segurança da informação a partir de uma perspectiva do negócio, fornecendo uma base prática para avaliar o programa de segurança da informação da organização. Cobre 6 aspectos distintos da segurança da informação, cada um deles relacionado com um tipo específico de ambiente, pelo que pode ser utilizado pelas organizações para (ISF, 2007):

* Melhorar as políticas de segurança da informação, normas e procedimentos;
* Avaliar a eficácia da segurança da informação em toda a organização;
* Aumentar o conhecimento sobre a segurança da informação em toda a organização;
* Desenvolver ou melhorar os controlos da segurança da informação;
* Estar em conformidade com requisitos internos e externos da segurança de informação;
* Realizar a análise de risco dos sistemas e aplicações mais importantes.

Esta norma está direccionada para a forma como a segurança da informação suporta os processos chave de negócio das organizações. Como a maioria dos processos está dependente de aplicações suportadas em TI's, a norma centra-se, essencialmente, no aspecto de segurança relativo às "Aplicações de negócio críticas".

Esta norma assenta em seis diferentes aspectos, cada um dos quais decomposto em áreas e estas, por sua vez, decompostas em secções detalhadas, de acordo com a estrutura constante do Quadro A1.

Quadro A. 1: Estrutura da norma "The Standard of Good Practice".

Aspectos	N° de Áreas	N° de Secções
Gestão da Segurança	7	36
Aplicações de Negócio Críticas	6	25
Instalações Informáticas	6	31
Redes	5	25
Desenvolvimento de Sistemas	6	23
Ambiente do Utilizador Final	6	26
TOTAL	36	166

Os aspectos "Instalações informáticas" e "Redes" fornecem a infra-estrutura subjacente sobre a qual correm as "Aplicações de negócio críticas". Por sua vez, o aspecto "Ambiente do utilizador final" engloba os processos relativos à protecção das aplicações e equipamentos corporativos, enquanto o "Desenvolvimento de sistemas" trata da forma como as novas aplicações são criadas e a "Gestão da segurança" aborda as questões de controlo e orientações de alto nível.

b) *Generally Accepted Information Security Principles*

Esta norma é publicada pela *Information Systems Security Association* (ISSA) e é o sucessor dos *Generally Accepted System Security Principles* (GASSP), "projecto criado em 1992 como resposta à recomendação n° 1 do relatório *"Computers at Risk"*, publicado pelo *USA National Research Council* em Dezembro de 1990" (ISSA, 2003, p. i)

Apesar de não estar tão estruturada e detalhada como outras normas, os GAISP apresentam catorze princípios funcionais gerais e os objectivos de cada um desses princípios, assim discriminados (ISSA, 2003):

- Política de segurança da informação;
- Educação e consciencialização;
- Responsabilidade;
- Gestão dos activos de informação;
- Gestão ambiental;
- Qualificações pessoais;
- Gestão de incidentes;
- Ciclo de vida dos sistemas de informação;

- Gestão de acessos;
- Planos de contingência e continuidade operacional;
- Gestão do risco da informação;
- Segurança da Internet e das redes;
- Requisitos, legais, regulamentares e contratuais da segurança da informação;
- Práticas éticas.

c) *Control Objectives for Information and related Technology (CobiT)*

O CobiT está direccionado, acima de tudo, para governação das TI's das organizações, cujos objectivos de controlo abarcam outros âmbitos que não apenas os relativos à segurança da informação. Todavia, com base no CobiT 4.1, o ITGI publicou o COBIT *Security Baseline: An Information Security Survival Kit* (ITGI, 2007b), que contém os objectivos de controlo relativos à segurança da informação, descritos no Quadro A. 2.

Quadro A. 2: Objectivos de controlo do COBIT *Security Baseline.*

Domínio	Objectivo do Controlo
Planeamento e Organização	• Identificar a informação e serviços críticos e os seus requisitos de segurança • Definir e comunicar as responsabilidades da segurança da informação • Comunicar os objectivos e orientações da gestão relativos à segurança da informação • Assegurar que as funções de seguranças estão atribuídas a pessoas com as competências necessárias • Descobrir, hierarquizar os riscos de segurança de informação relevantes
Aquisição e Implementação	• Considerar a segurança na identificação de soluções automáticas • Considerar a segurança na aquisição e manutenção da infra-estrutura tecnológica • Considerar a segurança na execução das actividades operacionais • Assegurar que todas as alterações aos sistemas são efectuadas de forma segura • Assegurar que os novos sistemas e as alterações apenas são aceites após a realização dos testes adequados

Domínio	Objectivo do Controlo
Entrega e Suporte	• Definir e manter os aspectos de segurança dos níveis de serviço • Gerir os aspectos de segurança dos serviços prestados por terceiros • Assegurar que a organização tem capacidade para executar as suas actividades de negócio diárias com interrupções mínimas devido a incidentes de segurança • Assegurar que a configuração dos sistemas é segura • Assegurar que toda a informação se mantém completa, exacta e válida durante o seu processo de manuseamento (criação, processamento, armazenamento e distribuição) • Proteger todos os equipamentos de TI de danos
Monitorização e Avaliação	• Monitorizar regularmente o desempenho da segurança da informação • Obter avaliação da segurança da informação de fontes fiáveis e independentes • Assegurar que as funções da segurança da informação estão em conformidade com as leis, regulamentos e outros requisitos externos.

d) *Information Technology – Security Techniques – Code of Practice for Information Security Management (ISO/IEC 17799:2005)*

Os controlos de segurança da informação objecto desta norma são para ser implementados como forma de responder aos requisitos de segurança identificados na avaliação de risco.

Esta norma contém 11 cláusulas de controlos de segurança que agregam um total de 39 categorias principais de segurança e uma cláusula introdutória relativa à avaliação e tratamento do risco. Cada categoria principal de segurança contém um objectivo de controlo descrevendo o que deve ser alcançado e um ou mais controlos que podem ser aplicados para atingir o objectivo de controlo. O Quadro A. 3 resume as cláusulas de controlo de segurança e os respectivos objectivos de controlo (ISO/IEC 2005).

Quadro A. 3: Cláusulas e objectivos de controlo da ISO/IEC 2005.

Cláusula	Objectivo do Controlo
Política de Segurança	Definir a política de segurança de acordo com os objectivos de negócio e as leis e regulamentos relevantes.
Organização da Segurança da Informação	Permitir a gestão da segurança da informação na organização, definindo papéis e responsabilidades
Gestão de Activos	Alcançar e manter uma protecção adequada dos activos da organização
Segurança dos Recursos Humanos	Assegurar que todo o pessoal compreende e assume as suas responsabilidades de forma a reduzir o risco de roubo, fraude e má utilização das instalações.
Segurança Física e Ambiental	Prevenir acessos não autorizados e danos nas instalações.
Gestão de Comunicações e Operações	Assegurar uma correcta operação das instalações de processamento da informação.
Controlo de Acessos	Controlar o acesso à informação.
Aquisição, Desenvolvimento e Manutenção de Sistemas de Informação	Assegurar que a segurança faz parte do ciclo de vida dos sistemas de informação
Gestão de Incidentes de Segurança da Informação	Assegurar que os incidentes de segurança são reportados e tratados de forma adequada e em tempo oportuno.
Gestão da Continuidade do Negócio	Proteger os processos críticos do negócio em caso de falha dos sistemas de informação ou em caso de desastre.
Conformidade	Evitar falhas nos requisitos de segurança relativos a leis, regulamentos ou obrigações contratuais.

e) *An Introduction to Computer Security: The NIST Handbook (Special Publication 800-12)*

Esta norma, de utilização obrigatória para os organismos federais e facultativa para as organizações do sector privado dos EUA, "fornece procedimentos detalhados para a implementação de controlos de segurança ou orientação para a auditoria da segurança de sistemas específicos" (NIST 1996, p. 3) e tem como objectivo discutir os benefícios dos vários controlos de segurança dos sistemas e as situações em que a sua aplicação adequada e não especificar os requisitos. Nesta norma são identificados três grandes grupos de controlos de segurança: controlos de gestão (englobam a gestão do programa de segurança e a gestão do risco), controlos operacionais (implementados e executados por pessoas com o objectivo de melhorar a segurança de um determinado sistema) e controlos técnicos (executados pelos sistemas). As áreas envolvidas por estes três grupos de controlos são as constantes do Quadro A. 4.

Quadro A. 4: Grupos de controlo do NIST SP 800-12.

Grupo	Áreas envolvidas
Controlos de Gestão	• Política de segurança • Gestão do programa de segurança • Gestão do risco de segurança • Segurança no ciclo de vida dos sistemas • Garantia
Controlos Operacionais	• Questões relativas ao pessoal/utilizadores • Preparação para contingências e desastres • Tratamento de incidentes de segurança dos sistemas • Consciencialização, formação e educação • Considerações de segurança nas operações e suporte dos sistemas • Segurança física e ambiental
Controlos Técnicos	• Identificação e autenticação • Controlo de acessos lógicos • Pistas de auditoria • Criptografia

f) Recommended Security Controls for Federal Information Systems (NIST Special Publication 800-53)

Esta norma tem como finalidade proporcionar orientação para a selecção e especificação de controlos de segurança para os sistemas de informação das agências governamentais dos EUA. O seu objectivo é fornecer um conjunto de controlos de segurança suficientemente rico para satisfazer a amplitude e a profundidade dos requisitos de segurança exigidos aos sistemas de informação e que seja consistente e complementar com outras normas de segurança já existentes.

A norma SP 800-53 identifica um conjunto de 17 famílias de controlos, as quais estão estreitamente alinhadas com as 17 áreas de segurança referenciadas no FIP 200, agrupadas em três classes gerais de controlos: gestão, operacional e técnico, conforme Quadro A. 5.

Quadro A. 5: Classes de controlo do NIST SP 800-53.

Classe	Família
Controlos de Gestão	• Avaliações de certificação, acreditação e segurança • Planeamento • Avaliação de risco • Aquisição de sistemas e serviços
Controlos Operacionais	• Consciencialização e formação • Gestão de configurações • Planeamento de contingência • Resposta a incidentes • Manutenção • Protecção de media • Protecção física e ambiental • Segurança dos recursos humanos • Integridade da informação e dos sistemas
Controlos Técnicos	• Controlo de acessos • Auditoria e responsabilização • Identificação e autenticação • Protecção dos sistemas e das comunicações

g) Health Insurance Portability and Accountability Act of 1996 (HIPAA) Security Rule

Decorrente das atribuições cometidas ao NIST pelo FISMA 2002, esta entidade publicou a versão NIST Draft Special Publication 800-66 Revision 1, *An Introductory Resource Guide for Implementing the Health Insurance Portability and Accountability Act* (HIPAA) *Security Rule*, a qual diz respeito especificamente à salvaguarda da protecção da informação de saúde em formato electrónico. Mais concretamente no que respeita aos controlos de segurança da informação, o que o NIST 800-66 faz é um mapeamento entre as secções de segurança do HIPPA *Security Role* discriminadas no 45 CFR Parts 160, 162, and 164 *Health Insurance Reform: Security Standards; Final Rule* com os controlos constantes do NIST 800-53. Os requisitos de segurança estabelecidos pelo HIPPA *Security Role* são agrupados em três categorias principais: controlos administrativos, físicos e técnicos.

b) *Gramm-Leach-Bliley Financial Modernization Act of 1999 (GLB)*

Os controlos relativos à segurança da informação constam do Título V – Privacidade, decomposto nos sub-títulos A – Divulgação de informação pessoal não pública (secções 501 a 510) e sub-título B – Acesso fraudulento a informação financeira (secções 521 a 527).

Na secção 501 é referido que as instituições financeiras devem implementar um conjunto de controlos administrativos, técnicos e físicos com o objectivo de: (1) assegurar a segurança e confidencialidade da informação sobre os clientes; (2) proteger contra ameaças e perigos à segurança e integridade dessa informação e (3) proteger contra acessos não autorizados à utilização dessa informação que pode trazer prejuízos aos clientes.

BIOGRAFIA

Joaquim António A. Casaca é Doutorado em Gestão (2010) pela Universidade Lusíada de Lisboa, com uma tese sobre a gestão da segurança da informação nas PME's portuguesas, tem um Mestrado em Gestão (1999) pelo Instituto Superior de Economia e Gestão (ISEG), um MBA (1997) pelo ISEG, uma Pós-Graduação em Tecnologias e Ciências da Informação para as Organizações (1996) pelo ISEG e uma Licenciatura em Economia (1982) pelo ISEG.

É professor universitário desde 1993, tendo leccionado diversas disciplinas na área dos sistemas e tecnologias de informação. Tem publicado diversos artigos em revistas nacionais, conferências nacionais e internacionais na área dos sistemas de informação e da segurança da informação. É Prof. Auxiliar no IADE-U Instituto de Arte, Design e Empresa – Universitário, integrando a sua unidade de investigação UNIDCOM/IADE.

Desenvolveu a sua actividade profissional até 2007 no Grupo Portugal Telecom, na área financeira e de sistemas e tecnologias de informação, participando e integrando a gestão de diversos projectos nas áreas de *Billing, Provisioning, Customer Relationship Management, Finance and Logistics*. As suas últimas funções incidiram na coordenação do controlo interno na área de sistemas de informação na certificação Sarbanes-Oxley Act (SOX404) e ISO27001 (segurança da informação). Em 2009 obteve a certificação em Certified Information Security Manager (CISM), atribuída pela Information Systems Audit and Control Association (ISACA).